是男人沒有眼光，還是妳不懂得發光

這樣做球男人才接得到

AWE情感工作室
文飛
Dana
／
著

目錄

第 2 章
讓愛情產生

目錄

第3章
讓愛情穩固

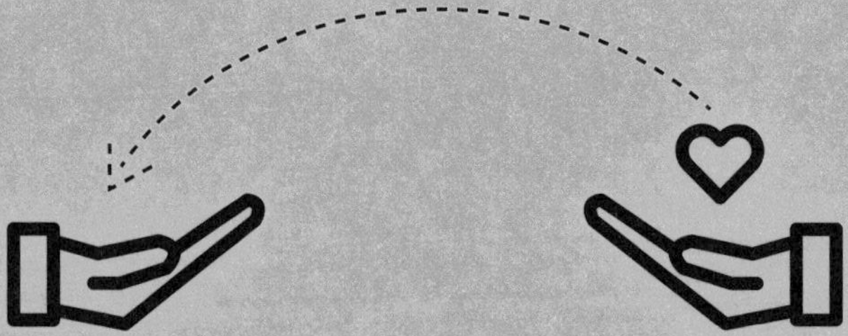

前言

本書的誕生
&
使用說明書

前言

在開始本書之前，我想先跟讀者講兩件事情：第一，是我所從事的「戀愛教學」職業存在的原因為何，第二是看本書最重要的：本書的使用說明。

我們生活在一個女性主義抬頭的時代，但是當人們一面提倡著男女平等、女性性自主以及乳頭解放的同時，女性卻在感情的領域中跟自己打架。我們認為男人會害怕太聰明、獨立、有想法的女人，所以才出現了所謂「敗犬」、「三高女性」、「80 分女孩」等詞彙。

但我認為，這些詞彙的現身，是女性自我矛盾所帶來的結果。自認為條件不錯的女性覺得找到理想伴侶很困難，並非完全是外在環境（也就是男性）給我們的回饋所導致。意思是，女人心中的自我矛盾導致男性給予了負面的情感回饋，造就了我們不想要的情感結果。而不是男性先給負面的予情感回饋，女性才因此產生了自我矛盾。

不論是身為男人還是女人，我們心中都想要跳脫社會框架，不希望自己被社會對自己角色的期待束縛住。以女性的角色來說，為了「爭取」跟男性有一樣的權益跟對待，反而對自己女性的身分有了自我接納的困難，因此反映在感情生活的結果上面。很多女人的潛意識有種設定，認為如果要堅持所謂的女性主義、男女平等，就難以找到理想的伴侶。

在網路上，我們時常可以看到男性與女性互相仇視，男性抱怨女性現實、只愛高富帥以及白人崇拜、女權自助餐。女性也抱怨男人不體諒女人的辛苦、占盡所有好處、對女人要求太多太嚴苛、又要馬兒好又要馬兒不吃草等。

這是一個異性戀的世界才獨有的問題，男性女性彼此都渴望擺脫社會所給的既定框架，但同時又無法控制地被這些潛規則束縛著。

這樣的狀態使我們在感情關係中長時間無法順利時，容易把責任歸咎到不接受我們的異性族群身上。認為都是異性不懂得欣賞自己，對自己要求太多等。我遇到很多在吸引異性方面不順的女性，會認為擺脫社會束縛，就等於要完全拋棄一個女人的身分，要跟男人一樣，用陽性特質一決勝負。認為展現陰柔的特質是一種放棄自主權、占人便宜或是不強大的行為。

我自己就是過來人，過去我也有同樣的困擾，堅持著某些自以為的「好女人」的原則，卻不曾被自己心儀的對象喜歡。我抱怨著男人都沒有眼光，不欣賞像我這樣獨立自主、又不會無理取鬧、不會占人便宜耍心機的女人，為什麼像我這樣的「好女人」卻不被男人看見且喜歡呢？

再來，我們生活在一個科技發達的時代，有各種的交友APP，要認識新的人更容易了。有了社群網路，在要與朋友聯繫以及知道朋友的近況時，省去很多麻煩，我們得到了很多便利，但同時也失去很多東西。

我們失去了去面對自己、與恐懼正面對決的機會，有了網路跟手機，隨時隨地都可以逃避面對沒話說的尷尬，以及面對陌生人、喜歡的對象需要克服的焦慮。我們開始只要躲在螢幕後面送出交友邀請、按讚、留言、打字聊天，就認為自己有在跟朋友交流。這個世代缺乏了對人際關係的訓練，人際交流八成都簡化成文字以及表情符號（需要了解這一塊的話，可以參考 Simon Sinek 在 Youtube 上的訪談：千禧世代在職場上到底出了什麼問題）

我不知道讀者們是否有過跟我一樣的經驗？不論在網路上或是現實中認識一個人，當我們還跟對方不熟的時候，為了不要怕見面太尷尬，就先用網路訊息聊天。沒想到一聊可以聊得天南地北、聊到內心深處、聊到覺得跟這個人可以心靈相通。雖然聊了這麼多，以為見了面就會像一見如故，見了面卻還是沒話講，甚至比剛認識的時候更尷尬了。覺得這個人知道自己的很多秘密，但見了面卻一點也沒有熟悉的感覺。

在螢幕後面，我們覺得安全，所以能夠安心地傳達自己內心想說的話。但事實上我們跳過了為了得到深刻的關係，所需要經歷的那些「相處上」的必經過程，所以即使內心的內容被文字表達了，情感卻沒有帶進彼此的關係裡。

科技大幅的減少很重要的幾項練習：訓練自己的肢體語言、表達情感；解讀別人肢體、聲音訊息；以及面對人際問題的時間。只要一有問題我們都可以躲到螢幕後面，或是馬上拿出手機滑。我們太容易可以在社群網路中創造出似乎沒有缺陷的人格形象，導致我們連展現脆弱跟需求都覺得恐懼，但這種負面經驗卻是人與人連結很重要的一種橋樑。

我們忘記了身為一個人，在跟人面對面相處時的社交本能，而這無關乎外向內向。如果連跟一般人都是這樣，那當然在面對自己有得失心的人事物時，更無法好好控制自己的表現以及內心的焦慮。尤其現在自由戀愛已經稱霸兩性市場，在競爭激烈的狀況之下，無法順利交到「自己喜歡的」男朋友、女朋友的人更是越來越多。

關於這一點，我也是過來人，在於尋找戀愛對象時，過去的我非常依賴網路，並且認為只有網路上的人（意思是指先用文字聊天，而不是先見到我本人的人）才能夠看見「真正的我」，那個沒被身邊的人發現，溫柔、善良、體貼、可愛的那一面。我用了非常多的時間去克服過度依賴網路的問題，我可以很誠實地說，直到現在我面對不認識的人還是會有些焦慮，但至少我現在知道自己不能用滑手機去逃避面對它。

第二個部分，是本書的使用說明。我希望本書的出現，可以打破一些女性面對感情的一些既定觀念跟想法。比起坊間很多標榜快速見效、強調招數或甚至是要求女性對於能挑到的對象做妥協的戀愛書籍不同，我更傾向於去解釋關係運作的原理，以及人際結果發生的「真正原因」，而不是專注於表面的現象跟行為。我喜歡找到事情發生的核心。

在本書裡面你們可能會常常看到我用「男人、男性」、「女人、女性」等辭彙去描述現象，但這只是為了寫書以及讀者在理解上的方便，我希望大家能夠用「陽性特質」、「陰性特質」來去對應到書中出現男人、女人等單詞。我們所相信的，是每個人都有其獨特性跟特質，不能單純用性別去概括論斷，真正的差異在個體，而不是性別。但同時，統計學也不是沒有它的道理跟依據。

並且，我希望在閱讀本書的時候，讀者能夠暫時拋開過去所學到的一些既定思想。例如道德、公平、好壞對錯，或是你所堅持的那些政治正確的理念。請專注在「事情為什麼會發生」而不是專注於誰犯了什麼錯、誰沒做對做好、哪些東西不好等。

就像是化學式一樣，氫加上氧會變成水。水本身沒有好壞對錯、氧本身沒有好壞對錯、氫本身也沒有好壞對錯。水就是產生了，氧影響了什麼部分、氫影響了什麼部分，水是怎麼被形成的。就是很中立地去看待每一件發生的事情，觀察它們的特性、過程、變化以及這些互動如何影響結果。

我希望這本書能夠讓你更自在、安穩地面對感情，而不是持續傷害著自己以及他人，用仇視異性的方式看待關係跟男人。這不僅無法使遇見你的人感到快樂，最重要的是，如果一直用保持有敵意的態度面對自己想要的東西，最痛苦的其實會是自己。每一個人都期待被他人以及愛人所理解、接納，男人自然也不例外，我們都一樣是脆弱，有被認同、被愛需求的人類而已。

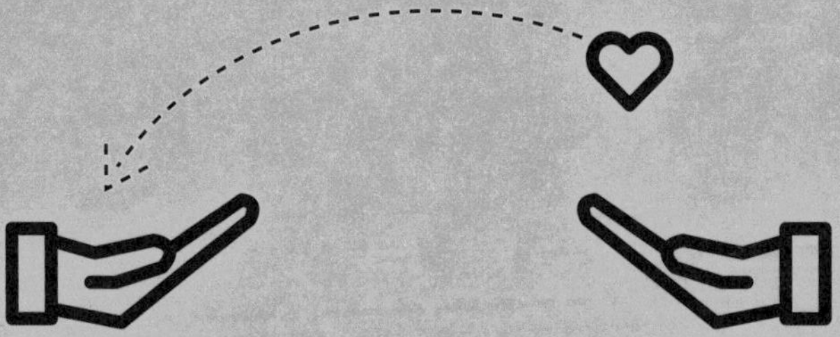

第 0 章

感情大哉問

不管是單身還是兩個人，都有不同的幸福與辛苦之處，只有當這兩個選擇是完全平等，沒有哪一個比較好或比較差、沒有哪個選項更吸引人，也許我們才能稱之為「選擇單身」或是「選擇在一起」。

0.

你是選擇單身，還是被迫單身？

我們工作室的主旨，是希望接觸到我們的人都能夠獲得所謂的「情感自由」。

什麼是情感自由呢？我相信大家對於「財富自由」這個詞不會太陌生，也是這個時代大家都想要追求的一件事。財富自由的意思是，我所擁有的財富到達不需要再為了「生活」這件事情賺錢的水平，可以把時間拿去做自己想要做的事情，不必被綁在一個工作、一間公司、一個事業上。而所謂的情感自由就是指我們有能力可以讓情慾自由的流動，不必再為了現實的目的而在感情上妥協，不必被綁在任何一個人或是感情狀態上，想去哪就去哪，想待在哪就可以待在哪的意思。

單身的人越來越多，原因除了婚姻已經漸漸不再被視為人生的其中一個必要里程碑，更多是因為大家想要的東西越來越多，但維持跟創造關係的能力卻沒有跟上。

先來定義「選擇單身」好了，顧名思義是「是我主動選擇單身的」而不是「被迫選擇單身」。如果我是「選擇單身」，意思是其實只要我想，隨時可以跟喜歡的對象在一起。但如果是「被迫單身」，意思是雖然我可以選擇，但我有的選擇只有自己不想要的對象。因為不想遷就而「被迫單身」，而不是選擇單身。

「單身也可以很好，誰需要男人」這句話背後的觀念，是指「單身照理來說不能很好」，但如果你真心相信單身很好，應該不會大聲嚷嚷。這些大聲宣告其實就只是在說服自己罷了。就跟每天都喝得到水的我們，不會認為喝到水是一件很珍貴的事情，那不過就是理所當然。沒有人會把理所當然的事掛在嘴邊。

不管是單身還是兩個人，都有不同的幸福與辛苦之處，只有當這兩個選擇對你來說是完全平等，沒有哪一個比較好或比較差、沒有哪個選項更吸引人的時候，也許我們才能稱之為「選擇

0.

單身」或是「選擇在一起」。但很多人明明是被迫單身，卻催眠自己是自己想要單身的。

女人本來就不「需要」男人（同理，男人本來也就不需要女人），除了我們剛出生那幾年沒有他人照顧可能會死之外，順利活下來的我們，其實即使身邊沒有誰，生活照樣過得下去。

很多人接觸我們之後或是上完我們的課，會產生「既然我們本來就有能力滿足自己，那我們幹嘛還交男女朋友」的疑問，但誰說兩個人必須互相有「需求」才能在一起呢？

兩個都有能力可以讓自己快樂、滿足的人在一起，才是一加一大於二。彼此有「需求」的情侶，以大部分的情形來看，其實很多時候都只是互相消耗，兩個有「需求」的人都沒有能力給，只想要索求，最後彼此就只能用「沒感覺了」、「膩了」、「淡了」來結束這回合。

.0

為什麼感情會遇到問題？

為什麼我們的感情會不順？或是說，為什麼我們的人生會遇到各種不同的問題？這些問題是如何被產生的呢？也許你沒想過這個問題，但以下的問題你可能問過自己：

為什麼我們總是在感情中卡在某一個點上？

為什麼相似的事情總是重複的出現？

這些東西是我的命運嗎？命運又是什麼東西？我能夠改變嗎？

0.

為什麼那個人可以，我卻不行？明明我也沒有差到哪裡去啊？

這些問句，我大膽的假設讀者們都想過，因為這就是我在過去完全無法吸引到自己喜歡的男人時，常會問自己的話。

命運是可以改變的嗎？

我想要先來談談「命運」這件事。我過去對於命運的認知，一直是覺得它像是一種魔法，降臨到每一個人的身上，不管這個人做什麼，事情都會照著命運所寫的劇本發生。

但這個想法又會讓我產生一些疑問：可以改變自己命運的人，是他們本身的命運劇本中就有寫著「改運」的這齣戲碼？還是他們真的可以扭轉自己的命運呢？

當我開始著手去研究自己為什麼總是會遇到一樣的問題的時候，我發現過去我對命運的認知其實並不是理解命運的最正確的方式。

感情生活曾經是我心裡的一個結，它曾經被我認為是我人生中最失敗的一塊，不管我怎麼努力，變得多麼優秀，我喜歡的男生都沒有喜歡我。在年紀一年比一年大的過程中，陸續聽見身邊朋友被追、被告白的經驗，讓我越來越恐慌，我發現我根本沒有這些經驗！我是不是有什麼缺陷？我是不是要單身一輩子？為什麼身邊的女生都交了男朋友，為什麼對我來說交男朋友比登天還困難?! 為什麼沒有人喜歡我？為什麼我不受男人歡迎？難道這就是我的命嗎？我注定沒有男人緣？如果這真的是我的命，我該怎麼辦？

我一直以為，我在感情上得到的「沒人喜歡」的結果，自己不用負責任。一切都是我運氣比較不好、世人比較沒眼光，反正千錯萬錯就不是我的錯就對了。因此我才會認為「不被喜歡」是無法改變的命運。而當我到十八歲感情路仍舊一路挫折交白卷，我開始慌了、急了。狗急會跳牆，我當時就是被逼到，我恨自己不斷遇到同樣的事情跟失敗的結果。所以決定要開始試著去研究到底為什麼我戀愛運這麼差！

然後我漸漸發現，原來我根本不知道自己是什麼樣的人。過去我對自己的認知，完全來自於自我感覺良好的想像。我以為自己很親切，是沒人有眼光看得出來。我不知道原來我面對陌生人會擺臭臉。而擺臭臉的原因不是因為我本來就臉臭，是因為我對自己沒自信，以及對於世界跟他人的不信任！

我發現自己內心有好多認為自己不會被愛的信念。開始去接觸、了解那些受歡迎的人之後，我發現原來她們看事情的角度，以及對生命的態度跟我是完全不一樣的。這一段只有一百多字的體悟，看似好像跟單純簡單，但實際上花了我五年的時間才發覺。

我理解到，其實命運應該是這樣的：它分成「命」跟「運」。

「命」是我們無法改變的部分，這個字有「指派」、「被給予」的意味，也就是我們只能接受，不能掌握與調整。它指的是我們生下來的家庭環境、是否有兄弟姊妹、身邊親人的個性、身高、長相（雖然長相現在花錢是可以改變的）、骨架身材、天災、人禍、生死等等這些部分。

而「運」呢，這個字有「移動」、「改變」、「使用」的意味。運則是我們可以改變的，例如「戀愛運」、「金錢運」、「事業運」等等。「運」是我們只要下一秒願意改變，就可以改變的事情。運這個東西是由我們的「習慣」跟「模式」所形成的，只要我們的習慣跟模式能夠被發現跟改變，運自然而然也能夠改變。

為什麼運是由我們的習慣跟模式所決定的呢？

以本書的主題「戀愛」來說好了，當別人一見到你的時候，他會產生什麼感覺？換句話說，你給人的第一印象是怎麼樣？是覺得甜美？還是有距離？還是親切？還是很兇呢？

是什麼東西決定了他人看我們的時候產生的感覺？你見到一個人的第一反應是什麼？是退一步？進一步？肢體變得僵硬？還是展開笑容？

每一分、每一秒與別人互動的細節累積，都會影響人際結果。

而這些東西都是源自於我們的習慣跟模式，當肌肉是習慣皺眉的，眉頭就容易會有深鎖的痕跡，給人的第一印象就容易是凶、嚴肅、感覺很愛生氣等等形容詞。而當彼此相處時間長了，開始對彼此有更深入的認識時，你遇見外來刺激的時候是怎麼看待、反應的？你在有壓力、緊張或是心情不好的時候是怎麼應對的？這些都會影響你在愛情中得到的結果。

感情問題是怎麼產生的？

回到我們的主題上，感情問題是怎麼產生的？問題源自於外在世界給我們的結果，與我們想要的東西不一樣，這樣的現實讓我們產生內在的衝突。而這個衝突又是怎麼產生的呢？像剛剛説的，我們的人際結果源自於我們的習慣跟模式，那習慣跟模式又是從哪裡來的呢？

習慣跟模式來自於我們的價值觀，對世界以及自我的定義。當我定義自己是一個不值得被愛的人的時候，可能會認為自己不夠好會被別人比下去，於是就可能習慣討好、退縮。

當你無意識的習慣用這樣的方式應對進退時，別人自然也沒辦法用平等的方式對待你，可能甚至會在跟你相處的時候產生壓力，你可能就無法跟這些人成為朋友。

舉我自己的例子來説，以前我對自己下的定義是自己胖、醜。因為覺得自己又胖又醜所以就不花時間研究打扮，甚至把自己打扮成像男生一樣。但我內心又會很希望自己能夠變漂亮，去逛街的時候還是會去看一些比較漂亮的裙子、褲子。但在看那些漂亮的商品的時候，我會變得極度不自在跟不好意思，只要有店員一接近我，我就會覺得自己沒資格看這些漂亮的東西而落荒而逃。而如果店員説「這件可能 size 太小」，我可能就會覺得對方在取笑我又胖又醜，怎麼會覺得自己可以穿這種漂亮的衣服？怎麼不看看自己長什麼樣子？

所以過去看到那種很會打扮自己的男生、女生，我都會覺得自己好渺小、跟他們是不同世界的人，連跟他們講話都不敢，甚至會覺得「他們一定會看不起我這種人」。但這都是因為我先認為自己又胖又醜，才會產生出來的想法跟反應。

事實上這些人可能是好人，根本不會排斥我。只因為我先入為主認為他們會看不起我，跟他們相處的時候我可能會採取自我保護，因為要保護自己所以我可能會用主動攻擊，或是被動攻擊的方式回應，絕對不可能讓他們太舒服，當然也不可能跟他們成為朋友。

所以我們的情緒反應、對事情的感覺、延伸至行為跟做的事情，都來自於我們如何對事情下定義。

我們在小時候算是一個沒有自主意識的個體，任何事情都是逆來順受，資訊通通接收。在對自己有足夠意識之前，我們不會去了解自己是怎麼被環境、身邊的人所影響，也沒有足夠的能力跟意識能夠去選擇自己想要接收的東西。在人生早期所發生的人事物，漸漸地形塑我們對於不同事物的價值觀、對自己的定義與看法，以及對他人、世界的定義與看法。

我們可以把自己想成是一個電腦程式，在慢慢長大的過程之中，每一分每一秒所發生的事情都像是有一個工程師在幫我們寫code，在我們無意識的狀況之下寫下各種個性、反應、行為模式等等。而不斷重複寫入的程式碼會加深這個 code 對於整體程式的重要程度。

簡單介紹一下程式的運作：有輸入、程式處理以及輸出。輸入就是我們所接收到的刺激與外界資訊，程式處理就是我們如何去處理、看待這些資訊，然後輸出就是我們對這些刺激與資訊所產生的情緒、反應跟行為。

在剛出生的時候，我們的程式很單純很簡單，那是最原始屬於我們的真正的特質跟傾向（也就是我們的天賦或天命）。舉例來說，同樣是剛出生的雙胞胎兄弟，遇見一樣的事情可能會有完全不同的反應，爸媽可能不一定能用同樣的方式逗他們笑。

當我們越來越長大之後，會開始被身邊的人事物所影響。而這些「後天」的影響會讓我們忘記自己最原始自然的狀態。我們以為這些「後天」所形成的性格跟反應就等於「我自己」，但當我們遵循著這些「後天」所形成的性格生活時卻無法讓自己感到快樂，因為那其實不是你。那個是在家庭以及早期人生經驗之中所發展出來的「生存模式」。

生存模式指的是我們因為環境跟他人的影響，學習到的「只要我這樣表現自己，我就能夠活得很安全，比較不會受傷害」。但是比較不會受傷害的表現，不等於我們真實想要呈現的樣子。

例如在兄弟姐妹中，姊姊可能比自己更常被稱讚聰明，比較起來你因為覺得自己聰明的面向不如姊姊，再怎麼努力也無法用這個層面得到肯定，因此就會去壓抑呈現自己聰明的一面。並不是你不聰明，而是你壓抑了表現聰明的那一個面向。或是你學習到發脾氣可以讓你得到你想要的結果，所以養成了發脾氣的習慣，並不是你是一個愛發脾氣的人，而是發脾氣是你養成的習慣模式。

而生存模式只能讓我們「安全」，不見得可以讓我們得到想要的東西，也無法令我們「快樂」跟「自在」。

在我們發現這個工程師的存在之前，他會怎麼寫我們的程式碼就是屬於「命」的部分，只有當我們發現這個工程師存在的時候，我們才有辦法拿回屬於自己的自主跟選擇權。如果想要改變自己的人生，就要知道這些程式碼如何被寫出來。

要從最內層的「對事情的定義」開始發現其實是有它的困難度在的。而這本書所要講述的，是一些打破一些常見的、會讓你的愛情不順的價值觀，讓你用新的角度跟定義去看待愛情以及跟愛情有關的事，從最容易發現跟發生的現象先開始著手。

所以先說好喔，這本書是給「想要交自己喜歡的男朋友，但是可能交不到或是都交不長久」的女性們，並不是否定維持單身

0.

這件事，你要問問你自己的心，是否渴望自己想要的愛情？如果你不渴望，那這本書對你來說是廢紙一堆，但如果你渴望的話，我相信它會幫助到你。

第 1 章

愛情的開始

愛情要發生，肯定是要先從認識對象開始，那麼在認識對象的階段，哪些觀念會卡住我們，使後續感情要發展都變得不順利了呢？

1.

找不到對象是因為生活圈太小？

當我們在苦惱自己為什麼想要交男朋友交不到的時候，甚至是在某些人問你說「怎麼會沒有男朋友？」的時候，我們最常想出來的藉口（也是我自己在網路上最常見的），就是「生活圈太小」認識不到男生。但真的是生活圈太小了嗎？

生活圈太小、認識不到對象這樣的藉口，可能是現代社會的最大的笑話了。

我們並不是生活在史前時代，一生能夠用面對面「實際遇到」

的人只有一個村莊大概不到一百人，其中可能只有十個人才有辦法當成對象，其餘不是太老就是太年輕。要走去另外一個村莊認識別的男人可能要走三天路程才能走到。住在梟無人煙山林裡，這種狀況才叫做正港的「遇不到對象」。

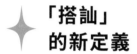

「搭訕」的新定義

在這個人口密度史前最高、各種娛樂活動越來越多元、交友APP盛行當道的這個世代，我們每天上下班、搭捷運、週末參加活動、去餐廳吃飯，每日至少會遇到兩百個以上不同的人吧？只是我們都與這些人擦肩而過，甚至連每天見到的鄰居是誰都不知道，連招呼都不打了。

所以「生活圈太小」、「認識不到對象」這種理由只能說明你「不敢」踏出舒適圈或是根本「不想要」為了改變付出任何成本，只想等待奇蹟降臨，而不是「不能」或「做不到」。尤其現在有各種不同的交友APP，大部分男性配對率跟女性配對率比起

1.

來可說是小巫見大巫，只要你願意跟男人見面，男人會拒絕的機率也是極低（當然見網友也要保護自己）。所以問題出在哪裡？問題出在現代人臉皮變得極薄，連最基本可以與人交流的禮貌都忘記了。

這個現象在亞洲的大城市尤其明顯。每一個人走在路上都不會與人有眼神交流，即使有眼神交流也是面無表情或是習慣性避開，但事實上在這冷漠的都市叢林中，我們都很渴望能夠與人建立交流，實際上卻不去做這些事，反而把這些渴望都投射在言情小說、偶像劇跟電影裡了。

相信在這個時代，大家多多少少都有去過西方國家吧？或至少是看過西方電影、影集？

我記得我第一次去歐洲的時候，班機降落在阿姆斯特丹的機場，在機場就讓我體驗到來到歐洲最初的文化衝擊：在歐洲跟任何一個人對到眼，他們竟然都會朝我微笑，讓我受寵若驚。在歐洲的那些時間，讓我對「搭訕」這個詞有了全新不同的定義。

原來搭訕不一定要是一個看起來很有目的的男生，不一定只是想要跟你要電話或是賣你東西。原來搭訕可以發生在任何年齡、任何性別，只要我們在這個空間遇到，**目的只是交流跟連結，不用留下聯絡方式**。搭訕這件事只不過是，**活在當下並且願意與**

他人交流，一件這麼簡單的事情而已。雖然我以前也常在電影裡看到類似陌生人不用任何正當理由，彼此就能自然交流的場景，但我過去一直以為那就是劇情需要才演出來的，直到第一次實際上感受到，才發現真實的體驗還是讓我受到很大的衝擊。

這讓我想起我國中去澳洲的時候，跟家人在海邊散步，散步的路線上有很多私人的小屋別墅，小屋的居住者會在面海的陽台聊天、放鬆，當我們經過他們家院前，或是在小路上遇到他們的時候，他們都會笑著朝我們說 "Good evening."。即使彼此根本不認識，即使很短暫，那也是一種人與人之間的交流，以及建立關係的一個機會。

和陌生人說話的「正當」理由？

我生在台灣，觀察許多台北人似乎都扼殺了這種機會，大家一邊想要邂逅，一邊用自己面無表情的臉跟臉皮薄到隨時會「害怕別人覺得我很奇怪」的心態扼殺了所有建立關係的機會。

1.

我們變得一定要有「正當理由」才能夠去認識別人，我們忘記了與人建立交流的能力與本能，並且給了自己很多不必要的規則跟限制。例如我們要是同學、同事，同事之間甚至還要同部門、處理同一個專案我才敢去跟對方講話。這個人一定要是朋友的朋友，還一定需要朋友介紹才足夠合理，如果沒有很合理，我們都很害怕別人會覺得我們「很奇怪」。

所以我們都變得被動，吝於付出「主動」這個動作，因為太害怕受傷害，只好都擺出一張沒有表情的臉。所以在台灣，只要願意主動出擊的人，就會非常占上風並且被大家喜歡。

我大學時期就認識一個這樣願意付出「主動」的女生，她不在意是否被認為奇怪，她把跟認識人、跟不認識的人說話當作是一個自然的事情。因為她自己不認為奇怪，因此被她搭訕的人也不覺得尷尬，結果是，她到處都可以認識朋友，朋友也會介紹自己的朋友給她認識，朋友圈超大。

這個呼應到我上過一個很有哲理的老師的課，他說過一句話：「我們的人生一直以來都是加法，但我們更應該學會的是減法。」我們越長大給自己的限制跟規條越多，所以長大之後其實更應該返璞歸真，學會拋開那些不知道從何而來的限制。

記得有一次我去健身房運動，這個健身中心體適能區域有一塊用透明屏風隔出了一個給小孩玩樂的遊戲區，有一天我運動完在拉筋區的墊子上發呆，當時剛好小朋友也正在裡頭玩耍，我跟其中一個小女孩對到眼了，她遲疑地看了我一下，害羞地跟我揮了揮手。我愣了一下，也給予同樣的回應。後來過了幾分鐘，她又跑過來偷看我，這次她又對我揮了一次手但是帶著笑容。從她殷切的眼神中，我感覺得到她想跟我交流的心情。這讓我的心情變得非常好，以現在大家常用的形容，就是非常療癒。要不是隔著屏風，我可能會去跟她講兩句話。

這件事情讓我反思，我到底從什麼時候開始，變得不敢展露自己想與人交流的意圖了？那其實是一種給予，那個小女孩真誠地流露出想跟我交流、對我好奇的神情，那個瞬間讓我覺得自己很特別。

為什麼那個小女孩能夠做到這件事呢？為什麼不會使我覺得奇怪或是彆扭呢？我想是因為小女孩的動機很純淨，就是單純「想交流」而沒有後續未來的目的，她就是活在當下。就像是我的大學朋友一樣，在她們的潛意識中，沒有「想要跟陌生人交流很奇怪」這個信念存在。所以當別人在接收她們傳遞出來的訊息時，也會覺得非常自然，甚至讓人心情愉悅。

小孩子總是提醒著我們不應該忘記的事，網路上有一張白人小孩開心地抱著黑人小孩的圖，上面的文字寫著：「小孩子會跟任何人玩耍，直到大人叫他們不要再這麼做。」我們都變成了「大人」，但也曾經擁有能夠輕易跟人建立關係的能力，只是我們忘記了，被那些不知從何而來的規則跟束縛給淹沒了。

有哪一段友誼，不是從「陌生人」開始的呢？長大的過程中，我們給自己下了什麼樣的定義，讓面對陌生人這件事情變得這麼困難、變得需要在意那麼多東西？不過就是四目交接並且微笑這麼簡單的事情嗎？

有很多來問我問題的女孩子們，其中有很大一部分，想要認識自己還沒有認識的人。而要認識自己還未認識的人非常簡單，就是先做出「主動」這個動作而已。

這個動作不用很誇張不用很大，也許是一個害羞的微笑，也許是幾次友善的四目交接，但當我提出這個解決方案的時候，我常常得到的答案是「我做不到」、「我沒辦法」。這些女孩子內心也有很多不知道從哪裡來的信念，覺得一定要有「非常正當」的理由才能去展現這樣的意圖，要不然就是給她們一個不用承擔任何被拒絕的風險的辦法。

但這些女孩子所不知道的是，那些會讓男人「主動」想要認識的女性，不是長得超級漂亮，就是她們願意先主動釋出一些微小的善意。我也曾經以為只有長得回頭率100%的美女才能做到，原來還有動動一些臉部肌肉就能做到的事。

因此，認識不到好對象、認識的男生太少、生活圈太小，這些都不是理由。如果我們想要改變自己感情生活的結果，就必須開始為自己的生命負起責任。

推卸責任，把自己感情不順利的錯都怪到男人身上，當個受害者的確可以讓人生變得比較輕鬆，但卻不會為你的人生帶來任何實質上的幫助。

當我們認為自己是受害者時，覺得該改變的都是別人，代表我們認為自己對於事情的改變是沒有任何影響的力量的。如果想要拿回主導權，由自己的力量得到自己想要的結果，那麼從自己的觀點開始改變絕對是必要的。

我們必須認知到，我們正在替自己找不必改變就能不勞而獲的藉口，需要的只是放下給自己的限制，與那些害怕自己格格不入的恐懼，就能夠著手從第一步開始改變自己的感情生活。你不必表現得很high、很外向才能做到這件事情，就像那個小女孩一樣，她並沒有用很high、很外向的方式表達自己想要跟我交流的欲望，她的表現方式是內斂且害羞的，所以「我是個內向的人」也不是什麼藉口。

1.

再者，我是內向還是外向，是一個被自己催眠出來的自我定義，而非等於你這個人。因為我們在跟熟人相處的時候通常都不內向，那麼就表示人不可能只有單一面向。所謂的內向或是外向，只是當我在對環境下定義的時候，決定了我要展現哪一面。

.1

幹嘛一定要擴大交友圈？

我一直以來都以為，「婚姻跟愛情幾乎是同一件事情，是無法分開來討論的」。這個想法是理所當然、不容質疑且從古至今都存在的。但事實證明，是過去的我孤陋寡聞，所謂的愛情與婚姻，是在最近的時代才開始變成主流。在過去，婚姻這件事跟感情沒有太大的關聯性，有錢人的婚姻跟政治、策略因素有關，而一般人則跟維持生活比較有相關。

然而這個時代離婚率、出軌率高得嚇人的原因，似乎也只是延續了婚姻與愛情一直以來都是被分開討論的事實。改變的只是我們現在多數人希望婚姻要有愛情為基礎，在這個前提下才會因為感情不存在了而選擇「離婚」，相對促成離婚率的高漲。

過去的人因為婚姻不是以感情為基礎，即使感情不存在了也能夠不選擇離婚並相安無事（當然這也與過去的社會氛圍有關，離婚被視為非常負面的事情）。在這個希望婚姻以愛情為基礎組成的前提下，才會視「出軌」為一件非常嚴重且牽涉到背叛的事情。那為什麼以前的人可以忍受這些事，現代人卻不行了呢？

這也牽扯到社會結構、人的需求比例改變的問題。我們過去的環境是大家庭以及彼此都認識的社區環境，很多家庭的功能可以被分攤、取代，父母養育孩子不論是在經濟上還是教育上的壓力比較沒現代人大。人們對於生活的需求與重心也放在吃得飽、穿得暖的基本需求上，比較不會花太多的時間跟精力去煩惱感情的問題。

現在我們沒有大家庭、社區可以互相幫忙，人與人之間彼此的連結也降低，自然而然會將與人連結的需求集中到身邊親近的幾個人身上。我們想要在伴侶身上得到所有的東西，希望他是我的好朋友、情人、好老公、好爸爸又有激情。但我們愛人的能力卻還沒有跟進我們的需求成長的速度。

再加上現代社會大家幾乎都可以不用煩惱「會餓死」這件事，開始有時間去思考吃不吃得飽、活下來以外的事物。科技發達又使得我們可以短時間內，做到很多以前可能會需要花很多時間完成的事情。時間一多出來，就有精力去煩惱、思考感情問題了。這同時也是這個世代身心靈產業越來越蓬勃的原因之一，因為我們開始把人生的比重移轉到注意精神上的昇華。

前言跟這一章都有稍微提到一些這個時代的關鍵背景元素：網路、智慧型手機、方便、快速、選擇多元、大量資訊等。而時代的變遷也會影響我們對感情的需求跟看法，因為選擇變多了，我們反而不知道怎麼樣選擇才是正確的。

與伴侶分開的成本變得比較低（分開不必對整個家庭、社區負責。找新伴侶比以前更快速方便，篩選條件也不必花時間問跟相處了解，全都寫在社群網路上。想要見面可以隨時傳訊息約出來，不必經過很多繁複的相處過程），我們對伴侶的需求越來越多，要找到自己認為適合、相處自在，又要自己夠喜歡，且願意能夠長時間相處、一起解決問題又忠實的「真愛」，幾乎已經變得像是都市傳說（而且對伴侶的這些要求也是我們這個時代才有的）。

這是時代的變遷，我們無法螳臂擋車，就必須讓自己有足夠

1.

可以因應這些變遷的足夠資源跟知識，而認識更多人就是其中之一。想一想，我們一生之中如果不自己主動去擴充生活圈，能夠認識幾個異性？

從國小開始計算的話，每兩年分一次班，每次分班一班三十個人的話，國小階段可以認識九十人，國中不分班四十人，高中分兩次班八十人（如果讀女校就不算了），大學讓自己活躍一點的話也許可以認識一百五十人，出社會之後認識五十人好了。全部加起來再除以二，三百零五人，而這三百零五人又不是每一個你都會很友好，裡面你會喜歡的會有幾趴？

算 10% 好了，那麼就是三十人。然後這些你有好感的、喜歡的也剛好喜歡你的有幾趴？我們算高一點 50% 好了，有十五人。這些剛好有喜歡你，你也喜歡他的有機會能夠進入交往的有幾趴？我們也算高一點 20% 的話是三個人。而僅僅只有三個人的基礎，你覺得你有可能找到上述描述的理想對象的機率有多高？你要把你的愛情，賭在三個人身上嗎？當然也許你也沒有想過要跟那麼多人交往。但我想你懂我的意思，即使不花時間交往，至少我們有跟更多人相處、增加經驗值的機會。

當然更多認識的人能夠讓最終這個數字三變得更大，但即使這個最終數字變得再大，還是需要臨門一腳，也就是「吸引到男人的能力」，這個部分在後續的內容中會談到。但我們首要要做的就是讓基數變大，並且透過這些跟人相處的經驗，去培養自己的吸引能力跟觀察力。

1.

女生如何擴大交友圈？

依照前面幾篇所得到的結論，要讓自己可以把最終基數變大，首先要先幫自己輸入「到處都可以認識人」跟「人與人之間本來就是從陌生人開始的」這兩個觀點。並且打掉任何一個跟這個觀點有牴觸的想法。這個意思並不是要你到處在路上搭訕不認識的人，而是讓自己能夠跟本來沒想過可以互動的人交流，例如鄰居、公司大樓的送貨員、茶水間常常會見到的不同部門的同事、打掃的阿姨、樓下便利商店的店員……等。不論這個交流到什麼程度，只要你願意，任何你多認識的人只要有機緣可以進一步接觸，都可能變成你的對象或是你的媒人。

其實要交流並不困難，所謂的交流不一定是指你要去找對方搭話、找話題，它可以是一個眼神、一個微笑，甚至是打招呼或是簡單的關心，不需要裝熟或是假裝自己很大方，表現形式害羞內向亦可行，**你所要做的，就是「不要避開交流」這樣而已。**

記得當時我很苦惱為什麼有些人可以很輕易認識別人，對我來說卻如此困難？我疑惑著為什麼大家都不會主動接近我的原因，讀了一本叫做《眼神不敗術》這本書，讓我發現原來要成為一個「有魅力」的人，根本不需要逼自己變成一個花蝴蝶的樣子。我需要的原來只是願意跟別人四目交接，並且願意向別人露出善意的微笑，這樣子就可以了。

我讀這本書的時候其實也是半信半疑，但因為我太想要改變自己得到的結果了，就實際去照書上所說的方法操作。一開始當然也是很不順利，因為我內心的舊有信念仍然在我操作這些方法的時候阻礙我，當我內心在打架的時候，呈現出來的樣子就會很怪異。但我仍然不斷嘗試，在鏡子前面拼命練習微笑，直到自己都覺得自己很討喜為止。

令我印象最深刻的一件事情是，當時我固定有在健身房運

動，時常會遇到一個我覺得蠻帥的男生，但我們彼此之間的關係就僅止於加了臉書。我之前遇到他的狀況大多很尷尬，因為不知道到底要不要跟這個人打招呼，所以如果必須對面對擦肩而過我會打招呼（但不會四目交接），如果離超過十公尺的話我就不打招呼了，甚至會假裝自己沒看到對方。而就算有打招呼，我大概也是面無表情。

有一天我下定決心要來練習一下，和對方四目交接然後投以一個友善的微笑。我們之前從來就沒有聊過天，就只是每次遇到然後離開，當時的我很緊張，不知道這樣做到底會有什麼結果，但我還是做了。

結果令我非常驚艷，我做完這件事之後，對方主動朝我走過來，然後就跟我聊了將近十分鐘，而且都不是我在想話題！並且因為健身房這樣的場合不適宜聊太久，我們彼此道別的時候他似乎還想要繼續聊下去，當時我心裡認為這簡直就是媲美魔法的方法吧！

後續，我不斷嘗試，成功讓好幾個我覺得有興趣的男人「主動來認識我」，跟以前很不一樣的是，以前都是我很希望能夠多認識他們，在他們面前掙扎許久又以尷尬跟失敗收場。現在學會了這個技能之後，反而是對方感覺想要做些什麼來認識我。立場整個大反轉呢！

我們以為別人得到我們想要的東西，是因為做了什麼跟我們完全不一樣的事情，但大部分的時候就是差這麼一點點，累積起來的微小差異，造成完全不同的人生結果。

我們以為那是對方「戀愛運」比較好，以為對方也跟我們一樣只是在等待那個邂逅，但事實上造成對方這方面的「運勢」好的原因，是因為她有展現善意的「習慣」，才推動得了這樣的運。雖然表面上同樣看起來像是等待的姿態，但這即是男人願意走向擁有這樣習慣的女生，卻沒停下來看過不習慣主動的我們一眼的原因。

練習 1.

掉手帕搭訕法

利用前面文章裡所提到的概念，直接應用到日常生活中，其實你在任何時刻、任何地點都可以認識你覺得不錯的對象，而且沒有任何的風險。

所謂的「掉手帕搭訕法」就是指過去在男女授受不親的時代，女人還是有辦法可以選擇自己想要的對象，而不只是被選擇。當一個女人經過一個自己有興趣的男人的時候，她會故意掉下她的手帕，讓那個男人撿起來還給她。意指，女人製造一個讓自己有興趣的男人主動過來的機會，雖然看起來像是男人主動（男人自己也會以為是自己主動），但事實上是女人「選擇他」來主動的。

首先還是要強調，我們對「搭訕」這件事情要有比較健康的認知，搭訕這件事不過就是與自己有緣分的他人交流並且渡過一段愉快的時光而已，而不是執著於要留下聯絡方式或是有後續的發展。如果把目標放在未來的發展而不是當下的話，不僅內心的執著會使整個狀態變得不自然、不愉快，感到困擾的人更只有我們自己。

建立了對於搭訕的健康認知之後，我們可以把掉手帕搭訕法的練習，分解這樣的流程：

步驟	動作	說明
第一步	存在確認	當在一個空間裡的時候，大致確認跟我在同一個空間或身邊有哪些人，要先確保對方有發現自己的存在。
第二步	對眼	找機會跟對方四目相接，這時候的眼神要傳達出一個「我看到你了喔」的訊息。
第三步	二次對眼 + 笑意	如果第一次對眼有成功的引起對方的好奇心或興趣，那麼對方必定也會想要偷偷觀察你，這時候找機會再做第二次的四目交接，可以帶點笑意或微笑，表情傳達「你的存在讓我開心」的訊息。
第四步 （自由）	肉身接近	請將自己的肉身移到對方用正常的音量與你交談時可以聽到的距離。這個步驟可以根據不同情形自由調整要放在第幾個步驟。
第五步	談話	如果可以感覺到對方對自己有興趣，但卻遲遲不敢開口的話，你可以創造一個更容易讓對方開口的機會。但談話的內容請不要包含任何「我想認識你」的意圖。請對方幫忙小事情是最佳做法。 例句： 「可以幫我顧一下東西嗎？我去個廁所。」 「請問你點的這個是什麼？」

基本上掉手帕搭訕法適合使用在幾種狀況：

1. 兩個人可以至少待在一個空間裡超過十分種以上

例如：朋友聚會、KTV、咖啡廳、餐廳、健身房、講座、機場、書店等。

2. 可以有兩次以上的見面機會

例如：健身房、公司、鄰居、課程、上下班搭電梯會遇到的人等。

這個流程是給初學者、不知道怎麼操作的人所參考，但如果已經能自然的認識陌生人，也不執著於後續發展，那麼就不用在意到底要從哪個步驟開始，甚至直接從談話開始也是可以的。也不用執著於要把五個步驟都做完，如果是屬於第二種有兩次以上的見面機會的狀況，可以把不同步驟分到每次見面上，會更加順利。

掉手帕搭訕法如果出現問題，通常會是因為意圖太強烈，使得每個步驟都顯得不夠自然，讓整個氣氛變得有壓力。所以根據不同狀況、環境，也要懂得去利用身邊可以使用的東西，才不會讓彼此都變得很尷尬。我也會建議如果只要面對自己有眼緣的對象就會緊張（不論認不認識）甚至是面對異性就會緊張的人，先把目標放在大量練習到不會緊張為主。

如果你的「對象分數」是高分的，對方才會比較有可能想要留你的聯絡方式跟想要有後續發展。所謂對象分數不只是你的外表，更多是你對自己身為女性的自我認同跟認知程度，後續會談到。

如果對方是個喜歡女人的男人的話，加上你的表現如果是自然的，對象分數又不低的話，基本上到第三步對方就會有點躁動、坐立不安、想要做點什麼了。加上第四步的肉身接近，你會有眼緣的男生八成會有動作。如果做到第三步對方完全沒有任何反應的話，可能是你本身基本對象分數太低或是表現得太不自然所致。到第三步若都沒反應，做到第四步對方有可能還會逃走，如果發現這個狀況就放棄第五步會比較好。

1.

好男人
哪裡找得到？

每一個女人都希望自己可以找到所謂自己心目中的好男人，但是好男人要在哪裡才有辦法認識？哪裡才找得到？也許你希望聽到的是某個場所、地方，好讓你能夠在週末或是下班的時候去那邊晃一晃，然後使用前面提到的展現善意的方式，使他落入你的愛情陷阱裡。

在回答這個問題以前，我想先請你想一想，怎樣的男人，對你來說才是好男人？

要有好的家世？要有好的工作？舉止要得體？長得要順眼？專情？用錢大方？還是要會做家事煮飯？以上我說的這些條件如果有一個男人完全符合，於普世價值來說，他的確是一個好男人。但如果他根本就不喜歡你，也不想花時間在你身上，那他還能稱得上是一個「好男人」嗎？

我曾經看過好幾部電影、影集，描述拉丁裔的黑幫老大的故事，而這群拉丁裔的男人雖然在外作惡多端、殺人無數，對自己的老一輩的親人卻是一改自己平時凶神惡煞的樣子，極度關心甚至會逗年老的奶奶開心，身段極度柔軟親切，對老婆態度更是好得不得了，呵護備至，且至少在形式上展現了滿滿的愛。以普世價值來說，這樣的男人肯定不是好男人，但唯獨對於他的家人、老婆的角度來說，他可能是最好的男人了。

所以好男人到底要去哪裡找？一個男人之所以會是好男人還是壞男人，取決於他遇到的女人身上。所以，好男人要在你自己身上找，而不是去外面找。

當然這世界上還是有一些劣根性極強的人存在，這不論男女，這些人的壞可能並不是你能影響的。但你可以去想的一個問題是，這個男人對所有女人都一樣是這種方式嗎？還是他對前女友比較好？或是對下一任女友比較好？對你卻不那麼好？大部分的男人對於女人的態度都是取決於女人激發出了他們的哪一個面向，而並不是他們本身就是一個好男人或壞男人。

你可以用這樣的方式思考：

你覺得你在對朋友的時候，是不是一個很好的人？

如果是的話，請再想想：

你覺得你在面對你父母的時候，是不是一個很好的人？

如果是的話，你可以再想想：

你覺得你在面對你討厭的人的時候，是不是一個很好的人？

如果你三個問題都回答是，那恭喜你，你已經接近聖人的境界了！但我相信大部分的人可能在第二個問題的時候就會回答「不是」了。那既然你對父母不是那麼好的人，你在面對朋友的時候是好人，那你到底是好人還是不好的人呢？一個人是好是壞，能夠被這麼簡單的定義嗎？

若你在第二或第三個問題回答「不是」，那麼，要是有人問你：「為什麼你對爸媽／討厭的人態度不一樣？」你會回答：「因為我就是一個本質上很機車的人。」還是「因為我爸媽／討厭的人怎樣怎樣讓我不爽我才這樣的！我的朋友又不會這樣對我！」呢？

如果你會認為你自己對人的態度是取決於對方對你的態度，

難道男人對你的態度就純粹是因為他原本是一個「好男人」或是「壞男人」嗎？這時你可能會反駁說：「可是我對他那麼好！」嗯？可是你媽可能也對你很好，你還是嫌她煩、嫌她囉唆啊，即使你知道她真的對你很好。你有被你沒興趣的人追過嗎？你沒興趣的人對你好，就等於你應該要對他一樣好嗎？

關係裡有兩個人，當然參與這個關係的人彼此都需要負上一半的責任。我們遇到對我們不好的人，就習慣直覺地認為是那個人的錯。大部分我們所遇到的正常人，都是根據遇到的對象在轉變自己對待他人的方式的，我們自己也是如此。但每每遇到感情問題時，卻會忘記原來**在這段關係裡，自己也會影響到對方想要如何對自己**，除非這個人對任何人都一樣壞。如果我們認為好就是他這個人本身很好，與你自己無關，那麼邏輯上來說他會對任何人都一樣好沒有任何差異性，這也是你要的嗎？一個人會對你好不好無關乎對錯，而是奇檬子的問題。

所以好男人要去哪裡找？如果你願意為關係負一半的責任，那麼能否遇到好男人的特質則可以在你自己身上找到。甚至你能讓遇到你的男人都覺得自己充滿價值，想要變成一個更好的男人。

1.

為什麼會遇到壞男人？

如果你總是重複遇到對你不好的男人，或是一直遇到所謂的壞男人，需要去檢視的是你對於感情的信念，是否讓你一直允許壞男人進入你的生命之中，甚至是把本來可以是好男人的人轉化成了壞男人。不管是男人還是女人，遇到不好的對象，其中至少一半的原因，**是因為「騙自己」而不是被騙**。

這是什麼意思呢？你看到剛剛那句話可能想反駁，可是他真的滿口謊言！是的，他滿口謊言，但他的行為都正在發出訊號告訴你，他所說的有可能並不是真心的，那為什麼你只選擇聽他所說的，而不去正視那些他行為上讓你不安、不開心的部分呢？

也許他總是在某個時間點消失，或是跟你說他在家的時候千萬不可以打電話，情人節不跟你過，甚至也不關心你，常常已讀不回或是很久才回覆你。他嘴上說他喜歡你、說你很特別，但他的行為呢？有符合他所說的嗎？他所做的事情，有哪些是沒有符合他的利益的（例如花時間跟你出門，他犧牲了什麼？能跟妹子出去，對他來說也是一件很爽的事情。並沒有犧牲自己的利益）？為什麼你卻選擇不看見那些跡象呢？「人是會說謊的」這件事難道不是最基本的常識嗎？

那為什麼我們會騙自己呢？通常可以騙到女人的男人，如果長得不是挺帥，最基本的技能就是「嘴巴甜」。這樣的男人通常很知道女人想要聽什麼，並且很擅長為女人創造一個愛情的美好幻想。而容易被騙的女人會有一個「很嚮往這樣的愛情」的共通點，也就會陷入而無法自拔。因為這個幻想太美好了，自己也不忍去打破它，深怕這個美好根本是假的。

你也許會很生氣地認為「那為什麼他要騙我」，或是憤慨地覺得「為什麼這種人存在在這個世界上」。但很抱歉，他們就是存在，而且不會因為你的憤怒而消失。如果今天是你朋友遇到同樣的事情，也許你早就看出不對勁的地方，早早就勸說好友要注意這個人了（但十之八九好友也會聽不下去，還會幫那個可疑的男生說話）；也許你也被閨密提醒過，但你可能也是選擇「相信對方」。但你所選擇的相信只是一種「我只希望對方說的都是真的，我不想接受它是謊言的可能」的一廂情願而已。

這也是為什麼我說大多不是「被騙」，而是我們在騙自己。因此如果想要停止這個循環，就要開始看到那些我們不想接受的事實。

.1

所謂「對的人」

「到底什麼時候才會遇到對的人？」這可能是不管男性或是女性都會問過自己的一句話，我不知道是不是因為我自己處於這個產業的關係啦，基本上現在很多在心理、人際領域的講師、網路作家抑或是心理師都漸漸開始強調一個重點，拿一句好像是女王說過的話一言以蔽之吧：「不是要找到『真命天子／女』，而是要讓自己處於『真命狀態』。」

這句話的意思不外乎是指我們必須把是否擁有理想愛情的責

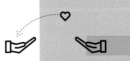

任，放回到自己的身上。所以我們並不是要「向外尋找那個人」而是「向內尋找能夠碰到『那些人』的自己」。

我們自己決定喜歡上不對的人

當我們處於一個不了解自己的狀態的時候，無法知道自己如何被那些「不對的」對象吸引，跟為何被吸引。我們要開始理解自己的愛情模式、會喜歡上怎樣的人，其實都沒有意外，每件事都有它發生的原因。每一種物質與非物質的產生也都有其原因跟脈絡，而只有當我們找到源頭的時候，才能夠真正地去改變我們外在所經歷的處境跟結果。

喜歡上「不對的人」是我們自己決定的。

這邊所謂的「自己決定」，意思不是指我們的理性的意識，而是藏在我們心中，用什麼角度去看世界，與自己在世界中的定位所決定的，也就是各種不同關於情感概念的「潛意識裡的信念」。

而我們都會去試圖證明自己所相信的東西，例如我認為某人有偷我的東西，所以我就會去蒐集對方有偷的證據，而不是去蒐集對方可能是無辜的證據。但可能會有另外一種情形是「我不想要相信他有偷我東西」，所以會去找對方可能是無辜的證據，但這句話的前提還是「我感性上覺得他有偷我東西，只是我理性上不想相信而已」，還是立基於「我感覺對方有偷我東西」這個感受上。因為如果我真心認為對方沒有偷我東西，就根本不會去做任何事。

所以最終即使我們在理性上騙了自己，感性上還是會讓內心感到痛苦跟糾結，因為我們感受到的跟腦子應該想的並不一致。

因此可以知道，**當我們潛意識中的信念相信自己「不值得被愛」的時候，我們就會去尋找自己不能被愛的證據，跟創造自己不能被愛的狀況。**例如這樣的人會喜歡「不安定」的感覺，或是能夠給予自己不安定感的對象（例如容易喜歡上對自己忽冷忽熱的對象，喜歡那種上上下下的不確定感，反而對於能夠給自己承諾的人卻無法感受到愛情的存在），而且會對這種感覺上癮。

上癮的原因是因為潛意識認為自己「不值得擁有愛」，我們會強烈渴望著我們所沒有的東西。通常會覺得自己不值得被愛的人，可能沒有感受過「愛」的本質，只是藉由浪漫跟激情去想像愛的樣貌。而浪漫跟激情就像是能夠救贖自己「沒有愛」的人生一樣，感受上會很強烈而且像是上癮一般的依附著那種刺激的感覺，而正因為安定的感覺無法提供刺激，所以信念上認為自己不能被愛的人，就會不斷地一直讓自己陷入一種「得不到，並且證明自己不能被愛」的循環之中。

而相反地，潛意識相信自己「值得被愛」的人反而不會強烈渴望那種刺激，因為認為自己值得被愛的人，已經擁有可以給予自己愛與關懷的能力，所以不會把激情跟浪漫投射成「可以救贖我的人生」那樣子的存在，而因為這樣的人找的是「能夠被愛」而且對於愛有比較接近的理解，所以那樣子不安定的刺激，反而會讓覺得自己值得被愛的人覺得索然無味。跟自己能夠給予自己的愛比起來，他們明白這種刺激感並不會帶給自己滿足。結果上就不會被「不對的人」（或是換句話說，不安定的狀態）吸引，也就身處於證明了自己值得被愛的循環之中。

雖然我們理性上可能會覺得「但是我想被愛啊」，但感性上並不這麼認為，可是潛意識是跟著我們的感性走而不是理性走的。

她總是遇到好男人，我總是遇到壞男人

所以為什麼總是有些人可以一直遇到「好男人」？有些人總是一直遇到「壞男人」？正因為習慣決定了命運，當我們對於自身的習慣與模式毫無自知的時候，自然就會將這種不斷發生的現象解釋成無法改變的「命」。

當然也有狀況是我們有時候會遇到好的，有時候會遇到不好的，那就是跟我們如何被動地被環境、人事物激發的狀態有關，因為狀態不是永恆不變，所以會造成這種沒有一致性的差異，就端看這個人「值得被愛」跟「不值得被愛」的信念有多深或多淺。

「值得被愛」與「不值得被愛」這兩個潛意識的信念不會以「單一」的狀態存在，我們的信念系統都是相通的，一定是非常多與「值得被愛」相通的信念組合而成，所以潛意識相信自己值得被愛的人的所做所為，自然而然會比較容易在這個人周圍被引發「善」的成分出現。

所以不同的女人即使遇到同一個男人，可能也會有截然不同的感受，一個可能覺得這男人很爛，另外一個可能會覺得這個人

1.

很好，性別相反亦然。為什麼可能遇到同樣的女人，女人能為一個男人做牛做馬甚至可以上床不用交往，但對另外一個人卻是完全相反呢？

只要能夠對自己的狀態、習慣跟模式有覺察能力的話，我們就不會受限於自己「被動」能夠遇到的人事物跟自己產生反應跟互動，尤其當我們對於「愛」有更接近的理解的時候，會發現原來選擇這麼多、侷限性這麼小！因為愛正是一種「無障礙」的體現，既然無障礙就不可能會讓選擇更少，從「對的人」這個框架中跳脫，變成「對的體驗」，就不會再讓自己陷入這種類似「路只有一條，我可能會找不到」這種人生層次之中了。

所以別再尋找「對的人」了，正因為擁有「對的人」這種概念的存在，才會使我們一直「等待」，以為「這個人」會有一天神奇地出現，若「他」不出現我們愛情人生就 GG 了。正因為認為有那個「對的人」，所以我們侷限了選擇。

每一個人在我們的生命中出現，不論經驗是美好的還是惡劣的，它都可以讓我們更了解自己，意識到自己的課題。如果沒有不好的結果出現，讓我們開始去處理自己的課題、在錯誤中學習成長，我們最終也不可能走向美好的關係。每一個我們遇到的人都是自我課題的現實反射與呈現，用這樣的角度來看，可以說每一個人都是對的人。

只要能夠改變看事情的角度，很多問題就自然而然地消失了。我們會不斷卡在問題裡，就是在於對世界的認識太少、對自己的認識太少，並且對單一觀點太過於鑽牛角尖。

第 2 章

讓愛情產生

我常常問來問問題的人，為什麼你讓他這樣對你？「因為我喜歡他啊」這個理由是最常出現的，而且是「別人不行，因為我喜歡他所以他可以」。

但是，為什麼你喜歡他就要遷就他呢？為什麼你喜歡他就要跟他上床？為什麼你喜歡他你就一定要答應他的要求？為什麼你喜歡他就讓他不尊重你？哪來的規則跟道理呢？

2.

如何讓男人對你感興趣

要知道如何讓男人對你產生興趣，要先知道男人有什麼樣的特性，才好對症下藥。

讀到這邊你可能會腦內翻白眼，覺得男人的特性我都知道啊！就是喜歡身材好、幼齒的美女嘛，然後喜歡女生裝笨、崇拜他，這些我都在網路文章還有各種書裡面看過了啊！但是我身材就沒那麼好、臉沒那麼漂亮、年紀也不小了，我也不想為了男人變成好像白痴、花痴一樣的女生啊！

沒錯，我以前也是這麼想的，覺得男人就是愛那些「耍心機的婊子」，而且我也不願意跟那些裝模作樣的女人「同流合污」。耍心機的婊子、同流合污這兩個詞彙，都是負面的名詞。但是，我們要先思考的是，為什麼我們會將這些女生的行為都貼上負面的標籤呢？

我發現我對那些女生那麼反感的原因，是因為她們用了「我無法認同的方式，得到了我想要的東西」。而我是否能夠認同，取決於我內心的好壞對錯的觀念。

我過去內心有一套很強烈的「一個好女人」該做的事情跟原則，但經過我長年堅持下來的結果，就是我在感情生活一點也不順利。但我仍然很抗拒去變成那些「被女生討厭的女生」，因為那是我當時認為唯一可以被男人喜歡的方法。

過了幾年之後，我才發現，我根本沒有好好思考過這個問題。我發現一直以來我身邊都有很多同時受同性跟異性喜歡的女生，但我不知道為什麼每次當我想改變、想變得受男生歡迎的時候，腦海中都不會出現這種不被女生討厭、但也受歡迎的女生（這跟我們情緒與腦的運作模式有關，是一種認知偏誤，我們越有情緒的人事物會越被我們看到、想到）。

然後我又想了想，那些「心機婊」的感情真的有很順利嗎？

2.

我後來觀察的發現是，這些「做作女」其實只是吸引了大部分男人的注意力，但不見得她們所吸引的是她們喜歡的。她們也許可以透過這些她們所不喜歡的對象之中獲取很多資源跟生活上的便利，但對於她們真正喜歡的對象，仍然有許多困擾（當然也有人能吸引到自己真的喜歡的對象，只是不在多數）。那我所想要的是大部分我所不感興趣的男性的注意嗎？還是我想要的是我喜歡的人的注意呢？那些不會被女生討厭的女生又是怎麼做到的？

.2

男人也是人啊！

在描述男人女人的差異之前，有一個非常重要的大前提。所有男女間的差異，都建立在這個共同的基礎之上：「男人也是人。」這句話看似簡單，卻是我們在面對喜歡的對象時常常忘記的一句話。事情總是這樣：為什麼我不喜歡的人喜歡我，而喜歡的人不喜歡我呢？很簡單，因為面對不喜歡的人，我們把自己擺在與對方平等的位置。面對喜歡的人呢？我們把自己擺在比對方低的位置。

2.

如果你在吸引上常常不順利，那我可以很大膽的假設，只要進展不順利的對象，你都沒有把對方當成跟自己一樣的「人」看，而是一個跟自己不一樣、自己所不了解的「男人」。

當我說「人」這個字的時候，不論男或是女，都代表著我們渴望被愛、渴望被認同、渴望被喜歡、害怕失去、害怕寂寞、害怕死亡、擁有人生的高低潮及許多挫折、曾經稚嫩、做過丟臉的事、有膽小懦弱的一面、有許多壞習慣、有自己的課題要克服並且渴望與人連結的這些特質。就跟我們自己一樣，沒有比較厲害，也沒有比較邪惡。

而當我們把對方的位置擺得比我們高，彼此之間就不平等了，我們會誤以為對方應該不像我們一樣如此渴望被愛、如此害怕丟臉、沒有膽小懦弱、也不會像其他男生一樣那麼有劣根性。

會害怕對方不喜歡我，因為在這個人面前我認為自己「不夠好」。不論對方條件如何，一旦認定自己「喜歡這個人」那一秒鐘的時候，好像一切就變得不一樣了。是不是很奇怪？為什麼我喜歡他之前都很正常，喜歡他之後卻突然變得不知所措？可是對方明明是同一個人呀？

但這個意思並不是要你假裝自己對對方沒興趣，因為只要是人，都喜歡被喜歡的感覺，但是如果這個喜歡帶有「壓力」的話，就會使這個喜歡變質，會使得這個喜歡讓人無法開心得起來。那同樣在喜歡的前提之下，造成相處是否平等的關鍵差異點在哪呢？

在於「是否有強烈的目的性」以及「是否尊重自己的快樂」這兩件事情上。

當我們對一段關係有強烈的目的性時，我們就會無法好好地跟對方相處。會誤以為自己極力想要讓關係變好，所以把重點放在對方身上，但事實上，我們的重點是完全擺到自己身上的，而且幾乎沒有對方的存在，因為我們都在想著自己要如何「達成目的」。

我要怎麼做他才會喜歡我？我會不會被討厭？要怎麼樣他才會想跟我交往？我現在要說什麼他對我才會加分？這些問句，最後都導向「我」跟「我的目的」的存在，而沒有對方。

為什麼你知道那些你沒有興趣的人喜歡你？這表示你是有能力做客觀判斷的。你搞不清楚喜歡的人的態度，是因為你太強烈的希望得到「對方喜歡我」的這個結果，而「不想正確解讀對自己想要的結果不利的訊息」。而當強烈的目的性讓相處都沒有對方的存在時，表示我們的精力都拿來煩惱自己了，當然也不可能接收到足夠且正確的訊息。

2.

我常常問來問問題的人，為什麼你讓他這樣對你？「因為我喜歡他啊」這個理由是最常出現的，而且是「別人不行，因為我喜歡他所以他可以」。

但是，為什麼你喜歡他就要遷就他呢？為什麼你喜歡他就要跟他上床？為什麼你喜歡他你就一定要答應他的要求？為什麼你喜歡他就讓他不尊重你？哪來的規則跟道理呢？生命的結果時常是自己造成的，我們卻急著推卸責任，不是神格化我們喜歡的人，就是妖魔化不喜歡我們的人。

我們常常因為喜歡一個人，就忘記自己對事情真正的感受跟感覺，而失去了自我。如果你不關心的別人不行，表示你對這件事的感覺有自己的感受跟想法，那喜歡的人怎麼可以隨隨便便改變你對事情的感覺？如果你不喜歡他人遲到，請尊重自己的快樂，對喜歡的人也說出自己的不開心，不要因為怕對方跑掉而扭曲自己對這件事原本的感覺。

如果對方連最基本的事情都無法尊重你，那根本就已經保證了你跟他在一起不可能快樂的事實了，不是嗎？為什麼你要堅持喜歡一個連尊重都不知道是什麼的人呢？

.2

男人的確是視覺的動物，但關鍵在於「姿態」

男人是視覺與觸覺的動物，而女人是聽覺及嗅覺的動物。

但我們也可以說，人類全體都是視覺、觸覺、聽覺、嗅覺的動物。因為如果夠幸運，這些五感我們都會擁有，而每一個人的感官敏感度、感受跟重要程度都不一樣。既然對於感受世界的方式不一樣，在談感情的這個部分，要取悅男人跟女人的方式也就會出現一些分別（我要再度強調的是，此書所提及的男人與女人只是為了文字表達的方便，並非指所有的男人或是女人都是如此，因為我自己我就是一個非常重視視覺的女人，我愛帥哥謝謝）。

男人是視覺的動物，女人不也是？你在逛街選擇衣服、包包、鞋子的時候，會怎麼做選擇？你會看到一件衣服然後想說「這件衣服好醜！我來買回家」嗎？大概不會吧，那麼男人在選擇一個可以跟自己長時間相處的女生時，也就跟女人買東西一樣想挑好看的，難道有什麼不對嗎？

當然這個概念你可能也聽到膩了，但是真正的關鍵問題在「是什麼讓男人覺得女人很正」？

大部分的人應該都有經驗，是當一個男人稱讚一個女人很正的時候，可能多少都會在內心擺出黑人問號的表情的經驗，多少都會遇到「這個女人到底哪裡正」，這種發現「男人跟女人的審美」不同的時候。但是同樣的問題男人也會遇到，男人覺得帥的男人，女人覺得還好，女人覺得帥的男人，男人也是黑人問號。

我一直以來也以為只是男女審美不同的問題。但後來我發現的真相是：男女在看「戀愛對象」的標準，並非由五官所評斷，而是在於「一整尊」整體看起來所帶給我們的感覺。

如果是整體的感覺，元素就不單單在於五官，更多是穿著、氣質、講話方式跟肢體語言。因為當我們把一個人當成對象在看的時候，五官其實沒有占那麼大的比重，更多是整體相處起來對方能夠給自己的感覺。

這也難怪喜歡帥哥的我也會覺得湯姆．希德斯頓（出演邪神洛基）、班尼迪克．康柏拜區（出演福爾摩斯）、孔劉這些明星雖然臉真的沒有長得非常好看，但是他們的舉手投足好帥、好迷人，我可以。

而因為我們在看待同性是否漂亮的時候，是以五官來判斷，而不是看整體感覺，所以我們一直都以為男生應該會喜歡的正妹，一定要五官長得非常精緻漂亮才行。撇除所謂「戀愛對象」的限制，感受一個人是否有「魅力」，也不是透過單單透過長相感受的，而是根據一個人的姿態、表情、舉手投足、聲線以及說話方式來感覺。

意指，有漂亮精緻的五官一定是一個吸引男人的好基礎，但也不見得代表一定要有精緻的五官，才會讓男人覺得你很吸引人、想在一起。**真正吸引男人的是女人散發出來的女人味，而不是單指漂亮的外表**。女人味才會讓男人真正視一個生理女性為「女人」（但大部分男人很笨，不知道是因為女人味才被吸引，在他們眼中有女人味的女人就等於漂亮，也就因此以為這就是「長相長得漂亮」）。

所謂的女人味並不是只要「符合女性標籤」（留長髮、穿裙子、化妝、穿高跟鞋、講話輕聲細語、懂得做家事……等）就等於有女人味。雖然女性標籤可以在形式上幫助我們更接近被當成「女人」的這個目標，但一個真正有女人味的女人，就算把頭髮剃光、穿男人的衣服，一樣可以有女人味。

日本的情色女王「壇蜜」，雖然長相不是頂級的美女，但她全身上下卻散發滿溢出來的「女人味」。在日本，女人味被寫作「**色気**」，我覺得比中文的女人味更能代表女人味的意義。也就是對於「女『性』」的這個標籤，我們接受了多少？

為什麼我把「性」這個字特別圈出來呢？因為要成為女人，就不能去忽略性的象徵。有沒有「**色気**」就是取決於我們對於女人的性徵，以及它所帶來的所有延伸意義的接納程度。我們有沒有辦法去接受自己女人的性徵所帶來的「所有」東西呢？不論是好是壞，我們能不能不排斥它，理解並且善加使用？

網紅小 A 辣明明是生理男性，卻不少人覺得他很有女人味。他並不排斥自己生理男性的這個標籤，更不覺得這個標籤跟自己喜歡打扮成女生有什麼衝突，他接受了自己所有的標籤，所以討人喜愛。有些生理女性雖然有了身體優勢，但卻無法讓男人把她當成女人看待，這是因為對於自我的接納程度不夠高。

延伸一個很多學員會問的問題：「男人喜歡什麼類型的女生？」是可愛、性感、成熟、開朗、妹妹還是姊姊型呢？答案很簡單，就是男人喜歡「漂亮的」。我們剛剛也說了，所謂「漂亮」並不是單指長相，而是整個人的「味道」。

味道的組成有數不清的元素：眼神流轉的方式、眉頭的習慣、笑起來的方式跟樣子、眨眼的頻率跟速度……身體的各個部位、各種肌肉使用，族繁不及備載。總地來說是我們的模式跟習慣，但是大部分的狀態我們根本看不到自己。

改變的首要步驟，就是先知道自己在改變前是什麼樣子。

可以透過錄影、錄音來去用第三人的角度感受一下自己到底是什麼樣子，有什麼自己從來不知道的表情跟肢體習慣。從遠、從近，各種不同的狀態跟狀況。最好是自己沒有把注意力放在鏡頭前的時候。可以放一台攝影機長時間拍攝，或是請朋友幫忙你做這個作業，請他某一段期間只要他在場，就偷偷地拍你。

我們無法時時刻刻監控自己所有肌肉的使用跟聲音的狀態，但決定如何使用這些肌肉跟表現的，是我們的心態，決定心態的是我們的信念，信念取決於我們對面對的事物所下的定義。例如我是否認為自己是好看的？我是否是討人喜歡的？我是否認同我

2.

身為女性的身分以及它會帶來的一切好處與壞處？我對於自己的接納程度到什麼地步？

練習
2.

別人如何看自己

請身邊各種不同的朋友寫下對你的「形容詞」（這裡特別說是形容詞，因為台灣人習性很怕犯錯，很少會說出自己的觀點甚至疏於「感覺」，所以必須避開那些描述客觀事實的文字。

例如對方知道你很會畫畫，寫「會畫畫」就沒有參考價值。但是不認識你的人寫「感覺很會畫畫」就是一種感覺而不是事實，即使你真的很會畫畫或完全不會畫畫。

可以是剛認識的人、認識一陣子的人、臉書上的人、同事、親朋好友，越多人越好，每一個族群依據不同角度認識你可能會有不同的形容詞。

PS. 請注意大家可能都會給你正面的形容詞，因為沒有人想要當壞人，所以盡量找願意同時給你正面和負面形容詞的人。

用第三人角度看自己

請至少使用一個禮拜的時間，長時間拍攝自己在不同時刻的樣子，例如：在家、與朋友聚會、上班時、約會時等等，可以自己架設攝影機、手機，也可以請不同朋友或是對象幫忙。

拍攝的過程中盡量讓自己專注在自己本來就要做的事情上，不要去注意攝影機的存在。

讓自己用第三人的眼睛去看看自己平常的臉部表情、肢體動作以及講話聲音、語調的習慣。感受一下如果你不認識這個人，你對她會有什麼樣子的感覺，並寫下來。寫下來之後可以跟朋友對照一下這些形容詞跟朋友對你的印象有沒有不一樣？

練習 4.

了解自己的運作模式

整理所有的形容詞，不同的人給你的形容詞中，有沒有相似的形容詞？你可以思考看看，在寫下這些相似形容詞的人面前，你的表現、習慣、心態有沒有什麼共通之處？不同的人給你的形容詞中，有沒有看起來像是矛盾相反的形容詞？思考看看在寫下這些相反形容詞的人面前，你的表現、習慣、心態有沒有什麼相異之處？

2.

釣男人的三大招數

要讓男人喜歡你，就是簡簡單單做到三件事：

1. 表現得像個女人

2. 用眼睛電他並且對他笑

3. 觸碰他

你沒看錯，要讓男人對你產生「中了」真的就是那麼簡單。異性戀的男人在愛情裡的需求，就是希望感覺到自己「像個男人」，並且可以證明自己「是個男人」。而為了達到這件事，他們必須透過女人才能完成。這也就是為什麼女人在男人的世界裡扮演如此重要的角色。那些很受歡迎的女人，不論她們是不是有意識地在做這件事，基本上都很會「讓男人誤會」，只要你可以讓男人誤會你似乎對他有意思，你就增加了他對自己的自信，他也會因此喜歡上你。

因為當一個女人不論用什麼方式表示對男人的欣賞，男人對於這份欣賞會直接轉譯成「我自己好有魅力」，並不會因為你喜歡他而對你產生排斥的心情。畢竟大家都已經不是在男生愛女生會覺得矮噁的國小時期了，男女彼此會互相欣賞是一件再自然不過的事情。

感情不順遂的女人們，都會把「喜歡對方」跟「受對方牽制」當成同一回事，當然這是一個很順的邏輯，因為喜歡對方所以希望對方也喜歡我，受對方牽制也很正常。所以這邊用的措辭為什麼是「誤會」？就是因為就算喜歡對方，也不受對方牽制。這樣同時滿足了男人想被喜歡的心情，同時又創造了挑戰性。

大家多少也看過那些做作女笑倒在男生身上的樣子吧？為什麼這樣的女生受歡迎呢？因為她們很知道要用什麼方法讓男人覺得自己被接納、被欣賞了。因為她們不會認為「表達喜歡、欣賞」是一件對自己有威脅的事。對她們來說，這件事就跟發送糖果一

2.

樣簡單。

感情不順的女人們的喜歡都很沈重，包含了未來、包含了責任、包含了束縛、包含了人生起伏。但對於很會勾引男人的女人來說，喜歡一個男生，就跟喜歡一個好朋友沒有太大的差別，就跟喜歡吃美食沒什麼太大的差別。如果可以大方表示喜歡朋友、大方表示喜歡某個美食，那表示喜歡某個對象又有什麼不行的？受歡迎的女人之所以稀有，因為要跨越「被選擇與否、被愛與否」的恐懼是很困難的。不害怕被拒絕的人，才能夠自在地去表現、表達自己的心情（不論是否是用言語表達，也許是肢體、也許是眼神）並且能夠不因表達對象的回應而使自己的情緒被牽制。

1. 表現得像個女人

你有沒有把自己當成一個「戀愛對象」？舉我自己的例子來說好了，過去的我對自己非常沒有自信，認為自己是一個沒有女性魅力的人。內心認為「男生不會喜歡我這種女生」，甚至連在MSN上面打動態，想要打有關於戀愛、喜歡的動態都會覺得「很丟臉」。我認為自己沒有資格談論跟戀愛有關的事情。所以在面對異性的時候，我並沒有把自己當成一個「戀愛對象」。而是用男人婆的表現方式來武裝自己無法被當成女人喜歡上的恐懼。

2. 用眼睛電他並且對他笑

表現像個女人除了表現出自己身為女性的性特質之外，還要把自己當成一個男人會喜歡的「戀愛對象」。而要讓男人感覺到你是不是對他有意思的最有效果的方式，就是三招：用眼神電他、對他笑、觸碰他。這是無論對什麼樣的男人都有效果的方式。但如果你沒有把自己當成一個戀愛對象時，這些動作可能都會變得很僵硬、奇怪。

3. 觸碰他

其實不止男人，這世界上最有魅力最受人喜愛的人物，幾乎都非常擅長肢體接觸跟眼神接觸，知道什麼樣的關係適合做什麼樣的肢體互動，拿捏自如得體。這不分男女老少，想要要人緣好的話，懂得肢體跟眼神接觸會是非常強而有力的工具。而這些人所散發的氣息，就是讓跟他們接觸的人覺得自己「被重視」、「被接納」或「被喜歡」。

很多感情不順利的女生，都把表達喜歡跟欣賞，當成一件會對自己不利的事情。這些女生會覺得：「不是應該不讓他知道我喜歡他嗎？如果對方知道我喜歡他不就會拿翹了？或是不珍惜我了？」她們認為自己的喜歡是不值得開心的，認為自己的喜歡是會把對方推開的，認為自己的喜歡是會被對方利用的，認為自己只能被選擇。所以小心翼翼的維護自己的喜歡，深怕被對方知道。一定要對方先表示喜歡我才行！

光是這樣的心態，就足以讓男人倒彈，為什麼要喜歡一個充滿恐懼而且自我貶低的人呢？但當你在跟喜歡的人相處的時候，想到的都只有如何讓自己占上風、如何保護自己，把對方當成會傷害自己的人的話，那麼對方要怎麼喜歡上你呢？

對於男人來說，感覺到自己喜歡這個女生，和想跟這個女生交往不見得是同一件事，越是受歡迎的男生對於喜歡這件事的程度劃分越細。戀愛等級沒那麼高的男人，可能只需要你做到第一項就會想跟你交往了。等級最高的男人，可能你三個都做到了，他也感覺到喜歡你，但卻沒有想要跟你交往的意思。

但不管是什麼招數、方法，都必須建立在不會給男人壓力的前提之下，它才能發揮最大的效果。如果你無法放下你的目的，也不尊重自己的快樂的話，再怎麼表現都不會有魅力，更別說電到對方了。得失心越重時，越做這些事，對方只會覺得不舒服。

.2

每一個人都喜歡被喜歡，沒有人例外

如果你只是喜歡他，沒有要強加你的目的跟慾望在他身上，他一定會很高興。如果任何一個朋友跟你說「很喜歡你這個人、喜歡跟你相處」，你會覺得高興還是覺得討厭？你會害怕讓你的朋友知道你喜歡她／他，想一直跟她／他當朋友嗎？你會喜歡上某個男生，是因為對方偶爾做的事情讓你以為他好像對你有好感，還是因為對方看起來好像很討厭你？愛情的發生，就是在彼此懷疑，但又不是非常確定對方是不是喜歡自己之中產生的。

我記得我在看《華爾街之狼（The Wolf of Wall Street）》這部電影的時候，有一幕讓我印象很深刻，就是當男主角去找艾瑪阿姨的時候，他們彼此都在懷疑對方是否在引誘自己，最終李奧納多跟大自己將近三十幾歲的阿姨接吻了。而任何的感情，都是從「懷疑對方是不是喜歡自己」開始的。正因為懷疑這件事，我們才開始胡思亂想，花更多時間去思考有關對方的事情。

那這時候你可能就會有兩個疑問了：

1. 為什麼我或是我身邊的女生有「越表現喜歡對方，對方越想逃」的經驗？

2. 有些男生喜歡我，我可能會因此產生討厭的感覺啊？

首先回答第一個問題，這個女生表現喜歡對方，是單純表現喜歡？還是像我前面說的，有不論是想跟對方交往或是希望對方也喜歡自己的強烈目的性？當你願意跟朋友表達喜歡時，是一種給予，因此才不會害怕表達，你知道這樣說朋友會非常高興，你並沒有想要透過告白這件事從朋友身上索取任何東西。但是當你在面對喜歡的人的時候呢？你的告白是為了要結束一段曖昧不明的痛苦？想要對方給你「我也喜歡你」的回應？還是希望能夠透過告白這件事達成交往的目的呢？

如果你的告白是一種索取，別人當然就會想逃。由於你清楚這是索取，才造成你不敢讓對方知道你喜歡他這件事，因為如果對方知道你想從他身上得到什麼，你就處於弱勢了。而且你只能待在索取者的位置，因為你不認為自己能給對方什麼，也無法放下想要在對方身上得到東西的念頭。

當然，喜歡一個人不可能完全沒有想得到任何東西的心情，我們也會想要得到朋友的喜愛跟陪伴，但不會「一定要」。或是把對方是否給予我們這些東西，當成我們是否會快樂或痛苦的關鍵。回答第二個問題：這些喜歡你卻讓你討厭的男生，肯定也是讓你覺得他想從你身上索取什麼，除了他關注的目的，根本不管你是否喜歡他的做法，而且你的拒絕會對他的情緒造成很大的影響，喜歡才會因此變質。

那為什麼你會害怕對方知道你喜歡他呢？這與你如何看待自己有關，與你喜歡的人如何看待你無關。假設今天彭于晏說喜歡你，不論他是不是你的菜，你會覺得好想逃開、不想珍惜他的喜歡，還是說，會非常高興自己被這樣的人喜歡了？但如果是黃安說喜歡你呢？

你會害怕對方知道你喜歡他的唯一原因，就是因為你認為自己的魅力價值等同於是黃安，而不是彭于晏。當然這個比喻是比較兩極化，但你會害怕對方知道你喜歡他，就是因為你定義自己「不會被喜歡」。這又回到我們前面所說的，你先把自己放得比對方還低，而不是平等的位置時，就會造成一連串相處的壓力，就不可能達到「對方也喜歡你」的這個結果。

.2

卡在朋友區的原因

我們會卡在朋友區的原因，只有兩個原因。

1. 我們的外在並沒有讓對方意識到是個「女人」。

無法讓對方意識到自己是女人的原因有很多種，也許我們的表現很像漢子、朋友或是妹妹甚至是延伸至其他角色阿姨、媽媽、隔壁鄰居、上司等等。

2. 當我們面對這個人的時候，只敢做單一面向的事，不敢踰矩。

甚至可能是根本不知道自己散發什麼樣的感覺給對方，才會讓自己的角色被卡住。不論這個原因是潛意識因為怕自己被拒絕，還是破壞原有的關係而「失去對方」意思都是一樣的。

我們會無法讓對方意識到自己是個「女人」的通常原因，在於我們對自己「女『性』」標籤的潛意識不認同，不認同的原因每個人可能不盡相同，對自己的魅力沒有自信也同樣是對自己的性徵沒有自信的一種呈現方式。

表現方式可能會表現在打扮上：有些人比較排斥女性化的打扮，有些人的表現方式則是無法不做女性化的打扮。這兩種表現方式都是對於自己女性標籤的潛意識的兩極化，第一種人覺得就算打扮女性化也不會有魅力所以抗拒，另外一種人則是不相信去除掉這些有女性標籤道具的自己會有任何的吸引力。又可能表現在我們無意識的行為舉止、反應跟說的話上。

舉例來說，當我們喜歡自己的身體、覺得自己的身體有吸引力的時候，我們就會無意識的習慣觸摸自己的身體，也就是「自我親密」動作。

自我親密動作多的人會比較給人「性感」的感覺，這個動作原則也可以在比較性感的舞蹈動作裡常常看到。如果我們無意識地想要保護自己的時候，就會擺出比較男性化的姿勢，平時的動作習慣會保護自己的肢體內側，展現出外側，而這是比較男性化的舞蹈動作會出現的動作原則。如果我們的內心是比較柔軟、易信任他人的，就容易展示出自己肢體的內側，也比較容易有女人味的感覺。除了這些之外還有非常多各種肢體細節，都在每分每秒地傳遞出個人的潛意識訊息。

女性化的行為舉止	覺得自己的身體有吸引力、喜歡自己的身體	自我親密：無意識的習慣觸摸自己的身體	內心是比較柔軟、易信任他人的，就容易展示出自己肢體的內側，也比較容易有女人味的感覺
不女性化的行為舉止	習慣性的保護自己的身體	擺出男性化的姿勢	保護自己的肢體內側，展現出外側（男性化的舞蹈動作會出現的動作原則）

常見女性化 vs. 不女性化的行為

「對於女性性標籤的不認同」這個潛意識的狀態，自然會影響到我們面對喜歡的對象的表現。會造成面對面時不敢用有吸引力的方式表現自己，因為潛意識裡面就連自己都無法把自己當成一個值得喜歡戀愛對象（這邊要注意的是，就算我們在通訊軟體上敢撒嬌、用愛心圖案、可愛的貼圖、與對方調情等表現女性魅力的技巧，但如果面對面的時候做不出來，仍舊無法創造曖昧的氣氛。畢竟關係還是要回到現實裡）。

如果我們去做了表象像是把自己當成戀愛對象的行為，心裡卻不認同自己的女性魅力，就會表現出一種不協調的壓力。

認同自己的女性標籤的人，才能自然地做出可以將關係帶往戀愛關係走的動作，連續性的散發出「我是戀愛對象」訊息跟感覺。

不認同自己魅力的人在做超過友誼界限的事情時會很不自在，所以必須要「一鼓作氣」的完成。由於不認為自己是有吸引力的，所以這樣的人多會壓抑自己喜歡的情緒。做出這個「超出友誼界線」的行為，大多是因為無法再繼續壓抑下去了，或是「想要衝一發，結束這場曖昧或是單戀災難」的一種動機，而不是認為自己是有魅力而做的。

不熟悉跟女人相處的男生，由於比較沒有自信，看對象的方式比較不是根據女人味，而比較重視女性標籤（因為這樣自己的選擇才比較容易被認同）。越是熟悉跟女性相處的男人，越是重視一個女人的女人味是否勝過於單純的外在條件。

會做女性化打扮，內心卻不認同自己的女性標籤的人，很有可能被很會跟女孩子相處的男人當成玩伴，或是單純的曖昧對象，而不是認真交往的對象。原因是，這樣的女生必須透過擁有女性標籤的道具才能認同自己的吸引力，這種不安全感會讓有選擇權的男人感覺到「麻煩」，因此不願意更進一步發展。

通常我們會認為自己卡在朋友區，有兩種狀況：

1. 你們彼此真的是感情不錯的朋友。

如果是這種狀況，會比較容易成功，因為至少對方跟你相處是開心愉快的，所以願意更近一步的接觸，缺少的可能只是你還沒讓他認知到你是個「女性」。

很少部分的男人願意把自己多餘的時間花在自己完全沒興趣的人身上，與其這麼做，他們會覺得不如打電動或是做其他事情更有意義，比起女人，男人比較不重視自己跟每一個身邊的人關係是否友好。也有可能他根本就喜歡你，但你從來沒有讓他覺得有機會。

如果你喜歡上他了卻遲遲沒有進展，表示你為了維護這段良好的關係，只敢展現出固定的、屬於面對好朋友的個性跟面向，而不是以一個「戀愛對象」為前提的相處跟表現方式。

2. 你們根本算不上是朋友，只能說是「彼此認識」的程度而已。

如果是這種，那其實不算是「卡在朋友區」，只是用「朋友」這樣的詞彙跟形式來說服自己你們彼此還有一定的連結跟關係，對方可能根本沒有想要另外花時間跟你相處。可能只是基於禮貌，而你不管外在還是內在都沒吸引到他。

.2

如何判斷對方對我有什麼樣的感覺？

網路上有很多文章，會教你判斷對方是否喜歡你，例如說是不是會常常找你、偷看你、對你好、約你出去、必讀必回……等等這類的方法。的確，如果對方喜歡你，確實是比較容易出現這些跡象，但反過來卻不一定，也就是說，出現這些跡象並不代表他一定喜歡你。

由於每個人的價值觀、習慣跟個性的差異，他常常找你當然有可能只是把你當成兄弟。你發現他在偷看你，他可能不是在看你，而是在看坐你後面的同事。他對你很好，天知道他其實是個中央空調？他約你出去當然也有可能只是因為你很好約（或是他最喜歡的那個不給約）。他必讀必回也可能只是缺人聊天很無聊而已。

那麼到底要怎麼樣才能真正判斷對方對自己的心意到底如何呢？

第一步：觀察對方的基準線，看看他對你的態度有沒有偏離基準線

什麼是基準線呢？

也就是一個人的行為模式與慣性，通常沒有特別遇到什麼事或什麼人的時候，他是怎麼表現的？他平時的個性如何？他平常對一般女生朋友如何？追女生是如何？面對很喜歡的人又是如何？注意，男人追女生，不一定代表追的那個就是「非常喜歡」的，所以要分開來看。不管他現在有沒有喜歡你，或是現在正在喜歡別人，這些線索都是非常重要的。

他在面對你的時候，樣子、態度是否跟面對其他女生不一樣？例如他本來很吵很會講話，面對你就異常地安靜或是害羞。或是他本來安靜，但面對你就會努力想要講些什麼、分享些什麼。又或是只要你出現的場合，他的行為就會特別跟平常不一樣，例如想要積極表現、耍帥、耍蠢、搞笑、講話特別大聲、特別小聲、表現特別穩重、文靜、肢體特別僵硬、特別想嗆你等等。如果他在你面前的表現跟「平時相差很多」，就算是偏離基準線。

但這邊需要注意的是，「偏離基準線」可能是特別喜歡你，但也有可能特別討厭你。

如果是網路認識沒有共同生活圈可以觀察，那最忌諱的就是操之過急或自己胡亂判斷，網路認識沒有共同朋友，本來就是需要多觀察的一個管道跟情況。相信我，你沒有那麼缺男朋友。

第二步：如果他喜歡你，他的軀幹部分一定是永遠面對你的

有些男生很害羞，他不一定會主動接近自己超喜歡的人，反而會因此不敢前進，或是會害羞不敢看你等等，但如果他喜歡你，他眼睛可能不看你，或是在跟別人說話，他如果喜歡你，軀幹的部分一定是面對著你的，即使他頭轉向的是另外一邊（除非你們並肩坐）。

所以我們第一步先判斷基準線的偏離，第二步再判斷是喜歡還是討厭，討厭的人一定連軀幹也不願意面向你，幾乎每一次你在附近或是出現的時候都會是背向著你的。

第三步：主動或暗示，看他的行為模式有沒有改變

沒有人不喜歡自己喜歡的人主動接近自己或跟自己示好，所以一旦我們接收到這種「鼓勵」，大多會願意把關係更進一步，除非對方超級自卑沒自信。因此在對方對你表示好感的時候，光只有回應是不夠的，你必須也要有「主動」的行為，才能確定對方是喜歡你的。

主動或是暗示的程度，必須依照對方對於人與人之間互動的敏感度跟肉食程度來拿捏。面對在情場上越如魚得水的人，主動程度要越細微；面對越遲鈍或木頭的人，則要丟原子彈一般的球他才會接到。

如果對方本來很主動，你一開始主動幾次他就冷掉了，表示他只是在狩獵與挑戰，並不是在「跟你這個人」相處。如果你主動了，對方還是文風不動，那有兩種可能：

1. 你以為自己很主動，但其實別人根本沒感覺到。

2. 他沒有喜歡你到想要趕快發展下一步。

如果你主動了對方卻沒有反應或是退後了，表示你們兩個之間的氣氛火候還不夠，不需操之過急，只要好好維持現狀甚至稍微抽離，才能讓關係更前進。但如果你主動之後，對方跟你關係更進一步了，那就等對方再主動，一搭一唱，愛情就不遠了。

我寫出關於「判斷對方喜不喜歡自己」的目的，並不是為了讓你得到「他真的喜歡我所以我才願意跟他交往」這種自我保護性質的安全感。是為了讓你客觀的判斷「自己在對方心中的位置」如何，再決定要做些什麼才能增加他對自己的好感度，而不是讓你得到一個「不會受傷」的保證卡才願意接受別人。

通常如果你是那種「一定要確定別人『真心』喜歡你才願意敞開心胸」的人的話，那麼很遺憾，這樣的心態大多只會讓你遇到說一套做一套的人而已。

因為喜歡你而且有價值的男人，不太可能一開始或持續的對你大獻殷勤，因為他們也是人、也有得失心、也會害怕、也有自尊心。只有對你虛情假意、不甘心、很缺的人才有辦法在你持續給予不信任感的行為之下，還一直維持著獻殷勤的行為。一開始就對你大獻殷勤的人又怎麼能稱得上是「真心喜歡」？他只是看上你的外貌，根本沒有了解你就喜歡你了不是嗎？

真正穩固而且會長久的關係，必須靠兩個人都擁有願意受傷跟冒險的心情（認為自己值得愛與歸屬的人比較會有這種勇氣），

2.

輪流、互相向彼此靠近，才會形成。如果「想確定別人『真心』喜歡你」，你才願意付出或是展開關係，那麼其實背後的意思是「你只有想到你自己，卻沒有考慮對方也會害怕受傷的心情」，只考慮自己的結果，能夠得到美好愛情的機率當然極低。

.2

「喜歡」是如何被形成的？

喜歡這件事，是怎麼發生的呢？為什麼我們會喜歡上我們原本很討厭的人？為什麼我們會喜歡這個人，而不是那個人？為什麼我們會喜歡上不是自己喜歡類型的人？為什麼我們會喜歡上完全不了解或是不熟的人呢？或是為什麼我們會喜歡上外在條件沒那麼好的人呢？他可能又不帥、又矮、又不有錢，但你可能愛他愛得要命，這又是怎麼一回事？

2.

喜歡＝投射＋投資

我們會對一個人產生喜歡、戀愛的感覺，基本上是透過兩個理由，就像上面這個公式所寫的，一個叫做「投射」，一個叫做「投資」。

所謂的「投射」，跟自己有關，是我們自身對於愛情的想像，只要遇到了一個能夠「激發」我們對於愛情的想像的人，他整個人所散發的感覺，或他的穿著、品味等，一旦他身上所擁有的「標籤」輸入我們的「愛情激發程式」裡，就會產生「感覺」。

每個人對「帥氣的」、「成熟的」、「照顧的」、「體貼的」、「浪漫的」等等概念，都是從不同的「標籤群集」所構築而成的，不論我們是否知道我們對不同的形容詞的標籤群集是什麼，那些東西都會存在。如果一個人擁有能夠激發我們感受的標籤群集，就會產生心動感。

我們對於愛情的標籤群集，則是由我們的生長經驗所帶來的。我們從小對於愛情的吸收與認知，與什麼樣的人、事、物與感覺做了連結（這些可能在經歷的時候都沒有意識到），例如以前很喜歡很喜歡的男老師戴眼鏡又有書生氣息，以後就可能特別喜歡戴眼鏡又有書生氣質的男性。

關於「投射」，可以解釋為我們會喜歡上某個特定的人，而非另外一個人、一見鍾情、喜歡上完全不瞭解或不熟的人這些現象。只要符合自己愛情想要的標籤群集越多，心動程度就會越高，也就越容易認為對方是所謂的「真命天子」或「真命天女」，認為對方是「獨一無二」的。

只要是有女人味的人，基本上不論是什麼類型，都會符合男人對於愛情的投射。換句話說就是會把你當成一個對象。但是根據不同的人的喜好，還是會有投射程度的差異存在。

投射程度越高，對方在一開始的時候會對你越有感覺。但投射這件事情可遇不可求，就算男人自己本身可能也講不出來到底自己真正的投射是什麼。每個人對於愛情的投射都不相同。男人有可能因為怕丟臉而只說出符合社會或同儕美感的條件，因為自己的喜好並非社會認同的。

而「投資」則不同。不管是有形的資產（金錢、禮物）還是無形的資產（時間、心思、得失心、精神、力氣等），只要有在某個人身上花心思，不管是負面還是正面的情緒，就是一種「投資」。我們對一個人做了投資，就會想要有所回報。但如果不視這件事為「投資」而是「布施」的話，就不會因為得不到對方而痛苦。

我們對一個人產生好奇心的時候，就會花時間去想這個人「到底是怎麼回事」，不論是好是壞，只要有「情緒」，就是一種能量。有人說，喜歡的反面不是討厭，而是「沒有印象」或是「漠然」。只要是能量，就容易轉換。如果我們本來很討厭一個人，那就是一種能量，而且越強烈的討厭，那種投資就越多。但是哪天如果發現這個人「其實不是我想的那樣」，討厭的原因消失了，那些能量會馬上轉換成「喜歡」的感覺。

日久生情也是同樣的道理，如果我們花時間、花心思心力在一個人身上，慢慢一點一滴的投資，投資累積久了，一旦對方突然戴上了符合你對愛情想像的投射標籤（或是讓你看到平常看不到的地方），那就會突然對這個人產生情愫。

這也能夠解釋，為什麼我們會喜歡上「不是我們喜歡類型的人」。因為我們在無意識的狀態下一直不斷的投資，不論是好奇心、還是不斷思考「這個人到底有什麼毛病」、思考這個人怎麼會這麼有趣、這麼奇怪，或是幫忙對方一些事等，只要有投資，就有產生喜歡的機會。

外部投資與內部投資

投資又分成兩種：外部投資以及內部投資。外部投資意指看得到而且對象有意識到的投資，例如：邀約、主動傳訊息、曖昧的話語、送禮物、花時間相處、肢體接觸、眼神放電、上床等。內部投資則是看不到而且對象不會意識到的：思念、得失心、胡思亂想、猜測對方為什麼不回訊息、幻想跟對方在一起的樣子、在要主動出擊前猶疑不決、花很多心思思考怎麼釣到他、花時間跟精力煩惱對方的事……等等。

而會讓人產生真正的感情的關鍵則在於「內部投資」，而不是外部投資。

我們什麼時候會覺得自己喜歡上一個人？如果今天遇到一個超級天菜，但是回家之後馬上忘掉這件事，再也沒想起他，那你會認為自己「喜歡」上他了嗎？我們有多少次，在路上「煞到」某個人，但可能過兩天就忘記的經驗？如果喜歡的生成原因主要是「投射」而沒有投資，表示我們沒有在對方身上花時間、沒有想對方、沒有花心力，那麼這個因投射而起的喜歡就不會產生「感情」。

但是如果有可以在對方身上投資的契機，投射程度又很高的狀態之下，就非常容易帶動形成大量的內部投資。投射程度高等於認為對方很理想、完美，就容易過度美化，我們會非常想要得到自己覺得符合理想的東西，如果有機會認識、接觸，就會帶動欲望形成一連串內部投資。如果是「煞到」公司某個人，又可以每天見到，對方又可以有機會讓你胡思亂想，才有可能產生深刻的喜歡。

「投資」與「投射」無法分開來談，因為**投資與投射必須相輔相成才會產生長久的「喜歡」的感覺**。而喜歡程度是否深刻，跟投射程度以及自己有多少選擇權有關。投射程度越高的，越容易快速且深入地陷入感情，如果認為沒有非常多自己滿意的對象可以選擇，也會比較快速且深入地陷入。

假設一個女生認為自己很不受歡迎，一輩子沒被男人喜歡過，認為男人不會把自己當成女人看待，倒追也從來沒成功過。今天只要有一個人願意以一般的追求形式追她，這個人的條件可能也沒有多好，這個女生也有可能很快速地陷入。

因為她會認為「被人追求」是一件很「難得」的事情，會認為如果錯過這個人以後就遇不到其他會想追自己的人了。如果剛好又順利交往，就會非常難離開這段感情。因為對這個女生來說，離開的成本太高了，她必須背負自己以後再也沒人喜歡的恐懼，不論這恐懼是否會真實發生。

如果喜歡的生成原因主要是「投資」而沒有投射，那麼很有可能就變成「親情」、「友情」或是我們剛剛說的長久的討厭。

有一些女生會選擇自己沒那麼心動但是給自己很安定的感覺的人在一起，投射的程度雖然低，但是也必須要有投射，因為這個人必須要符合「部分」女人自己對愛情的想像，例如「很忠誠」、「很顧家」、「很愛我」、「很老實」等等，也許不符合女人對於「浪漫」、「小鹿亂撞」的集群標籤，但卻符合了「穩定的感情」的標籤，即使對方看起來老實但可能其實會虐待人，女人還是會說服自己選擇這個人是「可以給自己幸福的」，聽起來很傻，但人就是如此。投射也就是這麼一回事。我們喜歡上的並不是真實的對方，而是自己對對方的想像或腦補。

畢竟，我們不可能選擇一個全部都不符合我們投射的人在一起，即使有長久的投資，也需要一個可以「投射」的契機。那些在一起久了沒有激情的老夫老妻們卻離不開對方，也是因為原本有「投射」+「投資」，最後就只剩下沈沒成本了*。

運氣好一點或是堅持一點願意承擔風險的人，可能可以找到同時符合穩定感情與浪漫愛情的標籤群集的人。但如果沒有了「投射」，只有「投資」，就很可能一輩子都是友情或是手足一般的情感了（但還是有可能有人最終會選擇和沒有感覺的人結婚）。

*沈沒成本意指已經付出且不可收回的資源，在感情中可以是時間、金錢、青春、心力、愛意等。

為什麼外部投資沒辦法產生愛情？

你可以想想，外部投資這些行為，除了上床、眼神放電跟曖昧這幾項，你是否很常對好朋友做？那為什麼你沒有愛上好朋友呢？再者，這些「外部投資」只是行為跟動作，不見得代表做的人要對這個人很有得失心、花很多時間想這個人的事才能做。

如果你有很多普通的男生朋友，只要你沒有把他們當成對象，你也不會太過於在意你到底是否有主動傳訊息給他、邀約等等，根本不會因此害怕對方發現你喜歡他。因為你根本內心根本沒有產生這種想法。但是當你有把他當成對象的時候，就會認為主動邀約、傳訊息、送禮這些事情是種「投資」。

由於社會的框架，很多女人在對待愛情的時候總有個想法，認為如果自己沒有真的很喜歡對方，就不應該跟對方示好或是曖昧，這樣才是「好女人」。但通常這樣的女生感情都不會太順利，因為她們在行動以前就累積了非常多的內部投資（也造就了很強的目的性），會導致她們在面對對象的時候做任何外部投資都不自在，並且每一個外部投資的動作都會連帶很高程度的內部投資。在得失心越來越重的狀況下，擁有這種想法的「好女人」，都無法跟自己先喜歡上的男人好好相處。

而因為女生自己本人的習慣是如此，也容易誤以為男人做這些主動、邀約、送禮甚至上床就代表著對方很喜歡自己才會這麼做，但事實上並非如此。因為男人被教導要主動，並且認為女生倒追自己的機率很低，加上男人本身不同程度的狩獵本性，他們可以只對你有身體的興趣，就做完全套的外部投資，但是同時他的內部投資程度可能很低。

這也造就了某些跟女性相處比較沒那麼拿手的男生，一旦追不到你就可以馬上換下一個目標。而跟女性相處很拿手的男人，則可以當個花花公子。當然外部投資也多多少少會帶動一些內部投資，但也會根據一個人對於感情的想法跟定義來決定帶動多少。

而那些受歡迎的女生則沒有那麼多的框架，她們並不認為做外部投資的事情一定要有一定程度的喜歡才能做。不會限制自己只能對哪些族群才能當成戀愛對象，也不介意別人是否喜歡上自己。

對於被喜歡這件事，吸引不利的學生跟吸引很順的學生講出來的話會有些不同。吸引不利的學生會說：「如果他喜歡上我怎麼辦，那不是很麻煩嗎？」但喜歡她的人可能並不是那麼多。吸引很順的學生會說：「被喜歡有什麼不好？」光是從很多小細節就可以發現吸引順利跟不順的人想法觀念上有非常多的差異。

因此，要一個男人喜歡上你，絕對不是取決於你花多少時間跟他相處，重點是他在你不在的時候，花多少時間想你。而要讓男人花時間想你，就不能讓他太確定你喜歡他，但又不能讓他覺得你不喜歡他，就需要所謂的「推拉法」，在下一章會提到。

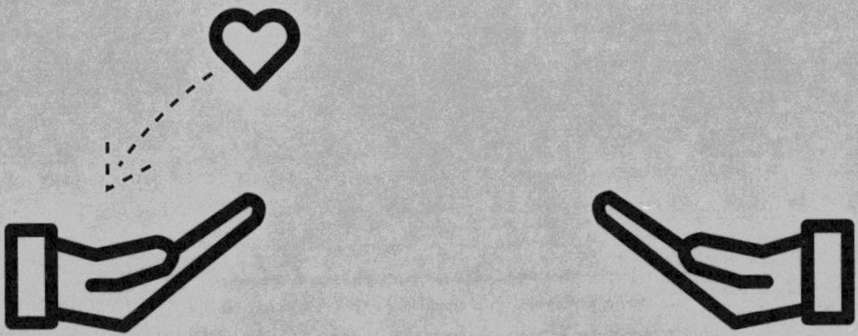

第 3 章

讓愛情穩固

相信來看這本書的每一位讀者，應該都是希望能夠有一段長久且穩定的關係吧？如果是想要短期關係也無妨，這章也可以幫助到你。男人說喜歡你不見得就等於想跟你交往，男人對於可以稱為喜歡的感受標準比較低，只要你有被當成對象就可以被男人認為有喜歡，不論這個對象是曖昧的對象、上床的對象還是交往的對象。那如果他有喜歡我了，怎樣的狀況才會得到對方想跟我交往的結果呢？這章也會談到如何在交往前穩固這段關係，讓關係比較有機會更持久。

3.

人、女與女人

在上一章有講到所謂「女人味」的概念，而再分得更細，可以從男人的角度，把所有的女人分成三種類別：「人」、「女」與「女人」。

先從「人」開始，當你被男人分類成「人」的時候，表示你少了「女」的這個元素。對方在面對你的時候，雖然理性上知道你是異性，但是感性上他認為你的存在對他來說並沒有所謂的「性別」。

意思是，對方沒有把你當成一個跟愛情有關的對象，不是性幻想、性關係的對象。當然「人」也有很多層級，有陌生人、討厭的人、沒特別感覺的路人、喜歡的人（這邊所講的喜歡的人如果去除性別功能，是兄弟、好朋友的意涵）、崇拜的人、尊敬的人等等。

如果你被對方當成「女」，表示你少了「人」的這個元素。你存在的意義對對方來說，只是滿足了「性別」功能，理性上他知道你是一個人，但是感性上他無法把你當成一個人類尊重，而是一個滿足需求的工具或是客體。**換句話說，就是「物化」的概念。**不論這是滿足虛榮心、曖昧、性需求還是陪伴、戀愛、被愛等等，你就是一個「性客體」甚至是符合「女朋友」條件的一個候選人而已，任何可以提供同樣功能的人都能夠取代你。

你可能會有點驚訝，覺得連願意交往，變成「女朋友」了，也只是工具嗎？

沒錯，我相信應該不少女生在跟某些男人交往的時候，會覺得自己只是因為自己的外表跟條件符合對方女朋友的條件才在一起的，在交往的過程中你感覺對方根本就不想要瞭解你，相處起來一點也不心靈相通。感覺你是為了滿足「女朋友」這個角色才存在的，你的個體性完全被抹煞。

3.

當然也是有那種不認為結婚跟愛情是同一件事情的人，他們可能會選擇「適合當老婆」的女人結婚、發展長期關係，但婚後仍然會有其他適合當「戀人」的對象。對這樣的人來說，不管到什麼程度，女人的存在就只是一種滿足角色的客體而已（而且這種人通常女人緣會異常的好，因為對愛情沒什麼得失心）。

當然我們也有可能物化男性，我所提到的「物化」並不是單指性方面的物化。**我們也有可能在不知不覺中，把男人當成接送自己上下班、安慰自己的負面情緒、賺錢、養自己小孩的工具。**

只要我們認為對方所擔任的角色「應該要如何」時，那就是一種物化。但物化本身是中性的，並沒有好壞之分，性的慾望的產生也來自於物化。就像我們不容易對穿女裝的男人、陰柔氣息很重的男人產生想跟他在一起的慾望，看到穿一身筆挺的西裝的男人覺得好帥好喜歡是一樣的道理。這些都是屬於物化的範疇。

只要你是「女」，就能引起大部分男人的注意，以及讓男人說出「喜歡你」，但這並不代表對方就願意跟你白頭偕老，有些人只要有想要跟你發生關係的慾望，就能夠說出喜歡。但這並不是男人在騙你，而是男人跟女人對於可以說出喜歡這個詞的程度上的定義不太一樣。

如果你是「女人」，則是符合女又符合人，這才是你會喜歡的男人會想要認真發展長期關係的對象，你的存在不只符合性別功能，同時又能讓男人尊重你的個體性。當兩個人在彼此生命中有越多重的角色的時候，兩個人越無法輕易分開。因此如果想跟自己喜歡的對象發展長期關係，就得被對方視為女人，而不是只有女或是只有人。

我在課堂裡常常會提到一個觀念：如果你們彼此的關係完全只有浪漫、戀愛的組成，而沒有友情的基礎，這段關係很快就會消逝了。

道理很簡單，因為友情必須建立在平等的關係上，並且彼此接納的程度甚至比情侶還高，情侶的產生是因為投射與想像，而朋友的相聚則是因為彼此自然且客觀地觀察發展出來的關係。朋友也許是這世界上最難能可貴的東西，因為它是唯一一個，比較不會利用角色框架去限制、控制他人的一種關係。也是最有可能能夠互相尊重的關係，如果你的好朋友做了一個你覺得可能對他不是很好的決定，你可能也會支持他的決定，給他建議，但不是極力去干涉或是用產生失望的感覺去影響對方。

你和誰成為「真正的朋友」並不是因為「他是誰」、「有什麼條件」、「長得如何」去篩選出的人選，而是因為他是「他」，基於他是個「人」，而不是基於其他東西。激情是必定會消逝的，

3.

如果你們沒有友情的基礎，只有激情、浪漫、戀愛的感覺，只有「男女之間的喜歡」，如果只是建立在「男女異性（或同性）」的話，那麼只要有相同條件、可以給他同樣感覺的人，都可以取代你。

浪漫與激情是建立在自己的「想像」之上的關係，通常發生在雙方不了解彼此的狀況之下，我們容易把對方帶入成自己理想對象的樣子，此類感情並不是基於對彼此的認識。這種充滿化學反應的戀愛，容易被過度美化，也會積極地想要給對方看到美好的一面，竭力掩蓋自己不好的一面，甚至是假裝成另外一種樣子。

等到慢慢了解、發現對方其實跟自己理想對象的樣子有所出入，自己也慢慢覺得要把自己弄成對方理想中的樣子是一件很累的事情時，熱情就會慢慢地減退。期望越多、失望越多，又沒有可以放下成見好好溝通的基礎，當然很快就會不見了。

這也可以印證到男生追女生的現象中，有些男生可以追這個女生追不成就追下一個，可能會讓一些女生既生氣又困惑，除了男生跟女生定義的喜歡不太一樣之外，還有因為他追求的是心中那個理想對象，並不是你這個人。

試想這樣的追求基礎，應該不太可能在被你拒絕之後仍然願意繼續待在你身邊，繼續跟你「做朋友」。所以若是你沒興趣的追求者屬於這一類型，不需要浪費時間還想要跟他「當個朋友就好」，那是根本不可能的，因為對方根本沒有想要跟你當朋友。

若有友情基礎的追求，則不會隨便轉換目標，甚至知道自己目前沒有機會之後，仍會持續的想要繼續在你身邊，不是因為你只是符合了他某些關於「理想情人」的形象，更多的是想要更加了解你這個人。通常這樣的戀情會比較容易長久，因為能夠好好接受對方的獨特性，而不是有「照著自己的角色設定」走的期待。包含了了解、包容、與接受，當然也比較容易維持得長久，彼此的意義大於只是「情人」，也是「朋友」，那麼熱情不小心消退時，也有朋友的羈絆在，比較願意一起去解決兩個人之間面對的問題。

沒有任何朋友情感成分的感情，對方不會真的想要理解你，他可能甚至是「不想要接受真正的你」。理想的狀況應該是激情、友情兩種成分皆有，組成比例不同，經過時間的淬煉，有可能發展出朋友的情感。多數的愛情，可以說是因為了解而分開，而了解了卻造成分開的原因，就是因為這段感情裡，以朋友身分存在的互相尊重的基礎不足。

3.

男女口中的「喜歡」大不同

在上一節中談到，只要你有符合「女」的這個標籤，男人就可以說出「喜歡」這兩個字。而男女口中說的「喜歡」有什麼不一樣呢？我們來看一下右圖，左軸為好感度，假設好感度 100 分時代表澈底的愛上一個人；下軸則為時間軸。

視覺對於男人戀愛感覺的影響比較高，所以當一個男人看到自己所認為的正妹或自己的菜，馬上好感度就會從 50 分起跳。而男人可以說出「喜歡」這兩個字的好感程度可能只需要 30 ～

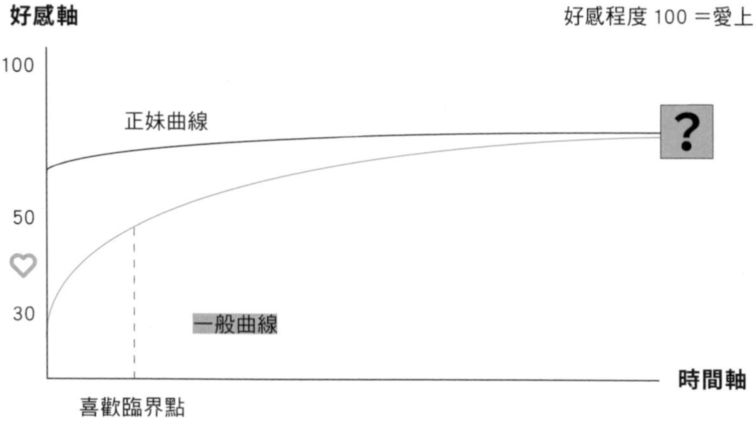

男人對女人的好感曲線

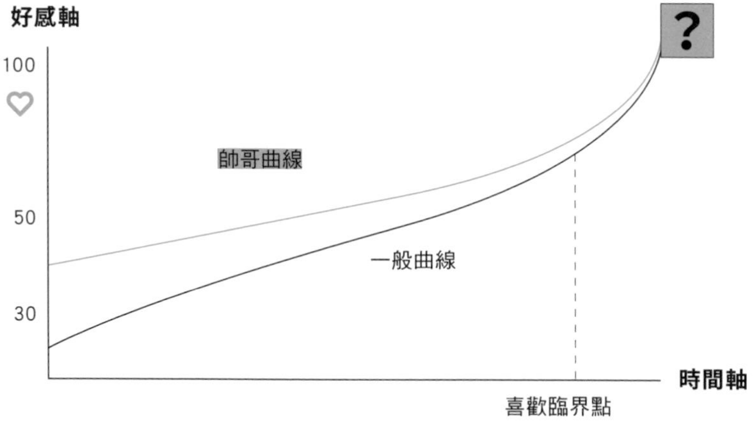

女人對男人的好感曲線

40 分就可以說出來了，也因此常常有人說男人可以一次喜歡很多人。

當然如果男人對一個女人的喜歡超過好感 70 分以上，也很難同一時間容下太多人。對於一般女性，好感可能從 20 ～ 30 分開始，但經過長時間的相處之後，最後我們在軸線上打一個問號，因為到底是正妹還是一般的女性贏得最後男人的愛？我們不得而知，因為變數太多。

而女人對男人的好感程度，比較不會因爲顏值而升高太多（但還是會）。普通的男性好感起始點可能是 20 分，而帥哥的好感起始點可能是 30 分（當然也有那種特別喜歡帥哥的，我們以大多數的女性取向來看此圖表）。但如果要女人說出「喜歡」，好感值至少要 70 分以上才說得出來。

女生對於自己是否喜歡上一個人都需要反覆確認，自己有沒有很常想到對方、有沒有小鹿亂撞的感覺、失去對方會不會痛苦……反正確認的項目有非常多。很少女人願意承認自己會依著外表第一眼就喜歡上某個人。而且歷經好幾千個讀者提問的問題，「我這樣是喜歡他嗎」這種問題只有女生問過而已。

這個特性就會產生一些有趣的現象，就是一旦女生發現自己喜歡上某個人之後就會陷進去無法自拔，因為在好感度還沒到 70

分以上的時候都不太想要去承認自己是「喜歡」這個人的。但男人比較不會有這樣的狀況，在好感度不高的時候就承認自己喜歡對方，比較能夠去控制自己的情感投注。

這也使得男女在交往後產生熱度的落差，女人確認自己喜歡對方才會交往，一旦交往就會一頭熱，因為好感程度至少70分，已經太高了。男人也會確認自己喜歡對方才交往，但還有很多好感空間是等著交往之後相處去衡量的。因此造成了後續的熱度落差的問題。

當兩個人都同時表示「喜歡、想交往」的意願時，熱度本來就有落差，但女人以為男人說了喜歡就跟自己喜歡對方的程度相同。才會有很多女人遇到了「明明對方說喜歡我，為什麼不願意跟我交往」這種想破頭也想不透的難題。

3.

戀愛技巧書 都在教什麼：推拉法

就算你在對方眼中符合了「女人」的這個歸類，也不一定代表他就會行動，因為就算你再怎麼像個女人，如果你沒有讓他認為你對他有興趣，那他也不會做出任何追求的動作。

當然判斷「是否有興趣」的標準端看不同類型的男生，我們現在所說的比較「肉食」的男人，就是比較不需要女人展現太多興趣就會行動的類型。而「草食」則是需要女人展現比較多興趣才會行動的類型。但是當你展現出太多興趣的時候，有時候又會讓對方覺得索然無味。

所以這時候我們就會去思考，這個界線到底怎麼拿捏？所謂「戀愛技巧」也就因此而生。

一點也不神的神招

那戀愛技巧書都在教些什麼呢？我稱它為「推拉法」。所謂「推」就是將對方推走，例如已讀不回、欲擒故縱的「縱」、婉拒對方、對方丟球不接等這些偏向負面的訊息就是「推」；而拉就是偏向正面的訊息：對對方微笑、說曖昧的話、主動肢體接觸等，讓對方感覺到你喜歡他的動作跟訊息。

若你有看過非常多不同種的戀愛技巧書的話，你會知道有些書會教你要拉、有些書會教你推，有些書會教你要主動，有些文章會教你絕對不要主動，看越多你可能會越混亂，那到底哪個說法才是對的？

事實上，技巧書看似教了很多「神招」，但事實上這些「神招」根本一點都不神。這些神招所教的，是我們面對一般人時，都自然可以做到的事。例如有些戀愛技巧書會教你對方約你的時候不能馬上答應，但一般人來邀約你的時候，你的自然反應本來也就不會馬上答應，都會先檢查自己有什麼事再說。或是要你對對方微笑，但面對你沒有喜歡的人的時候你可能就能夠很自然地用微笑對對方釋出善意，面對喜歡的人卻緊張到面部癱瘓。

推拉法的精髓就是在於推跟拉不能偏頗一邊，不能一直拉或是一直推。因為當我們在面對喜歡的對象、有得失心的時候就容易偏一邊，有些人恐懼失去的時候會一直拉，例如瘋狂表現自己的喜歡，拼命想靠近對方、約對方。而有些人恐懼的時候會一直推，例如會為了不讓對方發現自己喜歡他刻意不理、冷淡、嗆對方。

所以推拉法其實沒有什麼神奇的，就是用一些方法讓你表現出的表象像是沒什麼得失心的「自然狀態」罷了。習慣遇到恐懼會一直拉的人，就適合使用比較偏向推的做法；而習慣遇到恐懼會推的人，就是和使用比較偏向拉的做法。

這也就是為什麼就算用了書上教的招數也不一定會成功的原因，因為每個人適用的招數其實是不同的。另外一個原因是，當得失心超過一定程度的時候，你容易變得無法自由控制自己的行為舉止，甚至使用技巧會弄巧成拙，讓對方覺得你很莫名其妙。

讓對方對你更感興趣

與其去學一堆有的沒有的招數，不如從招數的源頭跟心法開始會更輕鬆。

單戀容易失敗的原因，最重要的因素是「目的性太強」，而目的性會延伸影響到後續的狀況。因為目的性強，所以很容易會在不對的時間點做錯的事情。

舉例來說，明明不熟，對方對你的好感程度也不高，卻約去單獨看電影。這個錯誤是我們面對朋友的時候絕對不會發生的，我們都很清楚面對什麼樣的朋友，根據認識程度、彼此個性，在現階段如果想要約對方應該約什麼場合跟活動。甚至清楚知道該說什麼、做什麼才是現階段合適的。我們面對朋友時都可以正確判斷，不會因為想要快速跟對方拉近距離而亂了套，甚至讓對方覺得不舒服。

因為目的性強，我們的注意力都在自己的目的上：要怎麼做才會被對方喜歡、要怎麼做才可以推進關係等，心思根本都不在對方身上。所以就會造成相處上的壓力，對方也容易感到不舒服，即使你一直都很注意對方的一舉一動，也會因為你的目的而錯讀對方想要表達的意思。

當你目的性強時，對方的需求就會完全被忽略，相處又不輕鬆，那對方當然不可能喜歡你。反而你在面對沒有那麼喜歡的人時，可以好好關注對方的需要跟狀態，因為你根本就沒有把注意力放在跟對方相處之外的事情上，沒有太過在乎自己有沒有被喜歡、自己要怎麼表現、要怎麼達成自己推進關係的目的等，自然而然就能展現出自己的魅力，所以就容易被自己沒那麼喜歡的對象喜歡。

當然如果你只要面對異性都不太自在，表示你是在用比較目的性的眼光在定義異性的存在，那你面對同性比較自在的狀態，也就比較容易跟同性有良好的關係。

目的性太強也就是為什麼我們都很清楚朋友跟不喜歡的人的狀態，卻摸不清楚喜歡的人的狀態的原因。

首先由於我們在面對對方時，有強烈希望對方喜歡自己的想法，在無意識之中會不想去吸收客觀的資訊。再來是因為相處目的性強，也就漏接、誤讀很多訊息。

很多人也許是一開始得失心還沒那麼重的時候跟對象相處不錯，一旦開始發現自己很喜歡對方的時候，狀況就開始急轉直下。當我們目的性重的時候，也會伴隨神經緊張、肢體僵硬等狀態，所以就算用了厲害的招數，在這種肢體僵硬的狀態下做出來的行動都會大大的失去效果，甚至產生反效果。

在 AWE 情感工作室裡，關於吸引的課程，重點都不在單一技巧，而是著重心態的建立，心態建立之後談技巧才有它的意義。關係的發展重點在於相處的每分每秒跟累積起來的細節，而不是那幾個驚天動地的動作。

畢竟沒有用技巧的時間比有用技巧的時間多太多了。能掌握推拉法所謂「自然」的精髓，技巧才能變成加分的作用。然而即使是技巧，也必須根據不同的類型以及不同的形象做修正跟調整，因此技巧的精準度跟力度也必須建立在很了解自己的形象的前提之上。

回到這章的主題上：讓對方對你更感興趣。

來整理一下我們從一開始到現在的步驟：首先我們要先讓自己變成「女人」，變成女人之後要展示出對對方的興趣，讓對方覺得有機會才會展開行動，然後後續的相處就需要用到所謂的「推拉法」，也就是自然的相處。

只要保持在自然的狀態，沒有過多的恐懼跟強烈慾望，就會自動有最適合你的推拉出現。你不會過度配合對方造成拉太多的狀態，也不會怕對方知道自己喜歡他而推太多。我們可以想一個問題：「為什麼我會跟我的好朋友變成好朋友？」其實不管是什麼關係，關係發展的原理其實是一樣的。

如果我們在沒有認識朋友很久之前，就下定決心「一定要跟對方成為最好的閨密」的話，你認為你會像現在一樣跟他成為好朋友嗎？我想恐怕是不會吧？通常如果我們「很努力」想要融入某個圈子，或是想要跟某個人變成好朋友，都會以失敗收場。不管對象是誰，都會感受到很大的壓力。而「需要努力才能達成」這個心態，基本上就建立在你認為自己不是跟對方平等的前提上，你才需要特別努力才可以跟對方建立關係。

所以你跟你的好朋友是怎麼成為好朋友的呢？

如果你仔細想一想，可以知道，是根據「一來一往」。當你根據適合的狀況給出一些正面訊息時，對方也給予你正面的回應，彼此的關係就會在「有共識」的狀況下更近一步。當對方沒有給你正面訊息時，你也不會因此強求關係要繼續往前，而是接受你們現階段的關係就是如此。

可能之後又有發生什麼機緣讓彼此能夠更加深入認識對方，也在這個相處之中一來一往，感情慢慢變好。你們會建立起如此良好的關係，就是在於沒有強烈的目的性。即使在這互動過程之中有邀約，也是因為你單純地「想要約他」而去做的事，就算對方拒絕也不會認為是對方不喜歡自己，因此才能擁有輕鬆相處的關係，自然而然都想要更加靠近彼此。

愛情關係也是如此，只要能夠好好利用我們原本就會的觀察與判斷能力，把目的放手，愛情就能進行得更順利。只有當你能夠放手的時候，對方才會想要主動靠近你，當你抓得越緊，對方只會越想要逃跑。

3. 如何做好推拉法

總結上一節所說的，推拉法其實是只要懂得尊重自己的快樂跟不要執著「一定要」跟對方有什麼方向的發展自然就可以做到的事情。但這樣講可能還是會讓你覺得很模糊，如果要把推拉法做一個比較技術性的拆解的話，我們可以這樣理解：

＋ 拉＝正分

－ 推＝負分

推拉法的目標是要讓對方「以為」我有喜歡他，不能讓對方覺得我不喜歡他，也不能讓他太確定自己很喜歡他。所以推＋拉的總分在一段時間區間內要趨近於零。

舉例來說，如果主動傳訊息給他，可能是 +1，但因為我本身的形象看起來像是平時不會太理人的類型，所以主動傳訊息如果有閒聊（先不考慮我面對的對象的個人特性的狀況下），對象可能會把我主動傳訊息給他的這個行為以 +2 的分數接收。如果你跟我不一樣，看起來是平易近人但有點害羞的女孩子，那麼主動傳訊息這件事可能是 +1。如果是很活潑，看起來跟每個人都聊得來的女孩，有可能只有 +0.5。

如果我三天已讀不回，這個可能就是一個 -2 的推。如果是平易近人的女孩做，可能會是 -3 的推，如果是每個人都聊得來的活潑女孩，就可能是 -4 的推喔。若把對方的個人狀況考慮進來，假設對方是一個不喜歡用通訊軟體聊天的人，很多天不回是他平時的常態，你的三天不回可能對他來說不是什麼負分。但如果他是一個平時很愛聊天的人，那三天不回可能對他來說就蠻嚴重的。

一個推拉的等式要在一段「有感時間」內做結算，而在關係的不同階段跟不同狀況時會有不同。如果是很曖昧、每天都有聯繫的狀況，有感時間可能是一週。如果是剛認識，還沒有很頻繁聯絡的狀態，有感時間可能就是一個月。

當然這只是一個把概念跟感覺量化的一個方法，如果要用很機械式的方式去計算人際關係的熱度，還是很吃虧的。這只是一個讓大家比較容易理解的概念而已，人際關係的東西還是要靠自己去用心感覺跟實際操作、驗證會更準確。

我們一般容易失敗的原因不在於我們不會使用技巧，而是把技巧神化，以為放一兩招大絕對方就會神奇地喜歡上我們。但魔鬼藏在細節裡，難道我們沒有用技巧的時間，就不算在相處的時間內了嗎？

比起有用技巧的時間，我們沒有用技巧的時間多太多了。如果無意識的時間都在低分帶，就算招再強，一樣沒有什麼效果。如果我們平常的時間都表現在低分帶，在執行技巧的時候也不大可能會執行得很到位，很高機率只會有東施效顰的效果而已。所以推拉法的技巧這部分，我不會鼓勵大家去學一些平常自己完全沒做過的事，而是把跟異性相處時，自己會做的事情去做推拉的分類，有意識的去操作自己本來就會做的事情就好。

.3

如何帶動內部投資

帶動內部投資有三個原則：第一是原本沒有的突然有了，第二是原本有的突然沒有了，第三是做出意料之外的事。戀愛肯定是有上下起伏的感覺才會被稱為戀愛。要創造這個起伏，就要有高潮跟低潮。

第一個原則：原本沒有的突然有了。

是創造高潮、緊張跟心跳加速的時刻，以推拉法來說，就是「拉」的技巧。例如你會開始主動碰他、對他放電、說了曖昧的話、突然靠他很近等等。這種創造曖昧張力、讓對方胡思亂想的動作跟行為，若是加上你過去從來沒做過的事情，就很容易造成內心的起伏跟內部投資。

第二個原則：原本有的突然沒有了。

另外一個會意識到自己喜歡一個人的時刻，就是在我們發現自己會因為對方的一舉一動而「不開心」的時候。例如對方突然很慢回你訊息，或是他身邊出現另外一個跟他感情不錯的女生朋友。意識到自己會因為對方而心情不好，我們才會認為自己有喜歡對方。如果我們跟對方相處一直都超級開心，也沒有什麼不開心、心情不好的因素，那麼你就只會認為對方是好朋友而已。所以帶動內部投資的第二個原則「原本有的突然沒有了」，就是在創造「心情不好」的時刻，以推拉法來說，就是「推」的技巧。例如原本你們每天都會聊天，突然有一天中斷了。或是你本來都會很快回覆他，突然變慢了等。

第三個原則：做出意料之外的事。

不論是要進行第一原則還是第二原則的事，如果符合第三原則「意料之外」，就更容易讓對方產生內部投資，要讓他想不透為什麼這件事會發生，用更多的時間跟精力去想跟你有關的事情。但這些原則要作用的話都有一個很大的前提：對方有把你當對象看。如果沒有，他可能根本不會注意到你對他的方式有什麼變化。

3.

無法進入交往的三大原因

愛情之所以可怕，就在於就算你認為自己的條件再怎麼好，你愛的人也有可能不愛你。男人在判斷是否要跟一個女人交往有幾個因素，但首先要看那個男人是否有選擇權，沒有選擇權的男人就算你符合了以下的原因，也可能會想跟你交往，但通常這樣的人來追求你，你大多不會喜歡上他，可能頂多覺得「可以試試交往看看」。

如果這個人是個有選擇權的男人，基本上他的女人緣不會太差，那你是否符合以下的狀況就相對重要，有符合的話，他可能覺得你外表有過關，人也不錯，也有感覺到喜歡跟好感，但是就是不想要繼續前進（最重要的前提，「要被對方視為對象」這點我們前面已經花了很大的篇幅說明了，這邊就不提）。

1. 不識大體

這世界上有很高比例的男人會說自己喜歡「有氣質」的人。男人說的「有氣質」事實上就是有讓男人感覺到應對進退很「識大體」的意思，而得不得體對男人的影響關鍵因素是「這個女人懂不懂得給我面子」。男人的生命有很大一部分是面子組成的，所以談吐、舉止得體的女人，通常就會讓男人感覺舒服且喜歡。反過來說，**會被男人認為「不識大體」的女人，就是「不懂得給男人面子」的女人**。

所以那些講話不經大腦、白目、太活潑的女人就會被男人視為「不識大體」，但只要長得夠正，男人還是會跟她曖昧、當好朋友。

另外一種就是認為自己不能被男人比下去，跟男人競爭意識比較強的強勢類型。這種女生因為競爭意識比較強，「為男人做面子」這件事幾乎不存在於她們的世界裡，光是要贏男人（或其他人）就已經足夠她們煩惱了。或是看起來高高在上，有「女王」或「公主」氣息的女人，因為散發比較自我中心的氣質，也就會被男人視為「不識大體」的族群。

如何改善不識大體？

通常會讓人感覺「不識大體」的人，都比較容易散發出「比起他人的感受，我更重視自己自己想講、想做什麼」的訊息，有可能是她們講的話或做的事，時不時傷害到他人或讓他人難堪。

以競爭意識比較強的女強人來說，保護自己不要輸比起對方的感受來說更重要。有時候她們甚至會對女生比較保護、小心翼翼，但面對男人時卻感覺全身充滿刺。這樣的人把男人當成敵人，也相對不重視男人的感受。她們不一定不懂得體諒別人，但因爲男人的存在在她們腦內造成了威脅，所以就比較容易在感情上吃屎。

而講話比較不經大腦、白目或是有公主、女王氣息的人可能對誰都一樣，與其說是不幫男人做面子，不如說是不願意幫任何人做面子。比起委婉的說話跟說好聽的話讓別人開心，她們更重視自己真正想說的有沒有被說或做出來。通常會被認為「不識大體」的人基本上都會發生一些實際事件而讓人有這樣的感受，所以要改善不識大體的這個問題，只要開始願意在乎他人的感受、願意變得嘴甜一些，就能夠有所改善。有些人也許習慣吐槽他人，對於講好聽的話很彆扭，像我自己就不習慣稱讚親近的人，所以對於嘴甜這件事我也還正在學習的道路上。

我們內心的觀念想法其實都會影響到我們的第一反應，所以都可以從我們對人事物的定義上去下手。為什麼會認為吐槽比講好聽的話更容易出口？是因為我們本來就容易看到別人不好的地方嗎？如果是如此，是不是因為我對自己跟他人都太過於嚴苛？

還是，我們即使看見了優點也無法稱讚他人？是否覺得稱讚別人就是自己輸了？還是看見了對方做錯了也無法給對方台階下？一定要讓對方嚐到苦果才甘心？是否是因為自己內心有很多不平衡？而這些想法跟情緒是哪裡來的呢？

當然這不是要大家為了變得識大體而失去自己，而是當我們散發出不識大體的訊息時，那可能已經是過度自我而讓人不舒服的狀態了。除此之外，過度沒有自己的狀態也一樣會讓人不舒服，過度沒有自我會比較接近接下來要談的第二點。

2. 太無聊

每一個人都不是無聊的人，只要在能夠自在、放鬆的狀況之下，都有自己的特色跟有趣之處。當我們在跟最好的朋友相處的時候，我們都不是無聊的人。

男人所定義的「無聊與否」就是這個女人是否有「意外性」。就像女人喜歡看偶像劇，如果偶像劇的劇情太過於狗血老套，也會讓人不想看，有一定程度的意外性才會想要繼續看下去。

通常會讓男人覺得無聊的女生，會是比較「ㄍㄧㄥ」無法放鬆自己的女生，拿很多規則束縛自己，這種女生可能非常識大體，但是私下相處可能也無法放鬆。也許她什麼都好，但就是讓男人覺得沒有新鮮感，做什麼都在預料之中，無法點燃想要繼續前進的欲望跟衝動。

另外一種是「想要維護某種形象」的女人，不論是哪種形象，只要這個女生一直想要維護它，就會造成一種相處上的僵化，女生想要維護的形象可能是活潑開心的形象、有趣的形象、高雅的形象、溫柔的形象、得體的形象、像妹妹一樣的形象等，所以即使是想要維護「有趣」形象的人也會讓人覺得無聊。因為拼命維護形象的背後，是擔心破壞這些形象之後的崩壞，真實的自我不被接納的恐懼，這些恐懼就會造成彼此相處上某種程度的不自在跟不自然。

如何改善太無聊？

會變得太無聊，通常都是因為我們在面對這個對象的時候，認為做自己並不會被喜歡、被接納，才會堅持自己要表現出某種形象。而所謂的「意外性」，其實只要能夠讓自己真實的個性跟反應流露出來，就會有一定的意外性。

因為每個人都是有很多面向的，當我們會變得平面、變得無聊，肯定是因為有不想要讓別人知道的部分，或是我們認為自己所隱藏的部分如果被別人發現肯定不會有好下場。因此為了要讓別人喜歡我們，不論有沒有意識，都會堅持自己表現出某種符合此種形象的樣子，認為「那樣才會被喜歡」。尤其某些長得好看，但是有偶像包袱的男女，即使一開始還是能吸引很多異性的注意跟追求，卻都面臨「異性雖然對自己有興趣，但就僅只於此」的困擾。

但很多時候都是我們自己的預設立場，如果你總是因為讓男人無法產生衝動，愛情以無法進入交往而失敗收場，那經驗不就正在告訴你，你所堅持的形象對於讓男人喜歡你是沒有幫助的嗎？要改善太無聊，只要能夠放開「想要被喜歡」的這個目的，比起「被喜歡」，讓自己「當下感覺輕鬆、開心」更重要。而通常不識大體跟太無聊這兩點可能不會出現在同一個人身上，即使出現了也會表現在不同的對象身上。

所以如果有第一種狀況（不識大體）時，我們要更學著在意別人的感受。而第二種狀況（太無聊）出現的時候，我們則要放下太過於在意他人感受的狀況。

3. 太麻煩

對於男人來說，所謂的「麻煩」就是「沒有安全感」的女人。而沒有安全感會有很多不表現形式。情緒不穩定、會太在意小事、對關係有很多期待跟規定、公主病嚴重、需要透過吸引到男人來認同自己的魅力、感覺太過於依賴、感覺沒有愛情活不下去、必須透過別人的認同才能獲得安全感等等，都是會被男人歸類為「太麻煩」的區域。

另外一種，則是凡事都要講道理、好壞對錯觀念很分明、總認為自己是對的、別人是錯的、好為人師的類型，不管是不是男人都會覺得跟這種人相處非常疲累。當然男人自己本身也會有沒有安全感的時候，所以麻煩與否的程度如果太明顯或是在曖昧階段就顯露出來，才會容易讓男人不想前進。

如何改善太麻煩？

改善安全感是一個很大的議題，要改善確實要花上很多精神跟心力，也需要比較深層的探討，此書主題在吸引上就不多加著墨。但基本上只要不要沒安全感得太誇張，對於進入交往是沒有什麼問題的。通常會讓人感覺誇張，是因為我們認為自己的安全感「本來就是對方需要負起責任」的，才會散發出這種感覺。

如果想改善太麻煩這個點，首先要做的事情就是開始認知我們要「為自己的安全感負責」。

要開始認知到**自己的安全感如果一直需要由別人來提供，不僅自己常常會處於不穩定狀態，需要固定提供你安全感來源的人也會非常的累。**這樣的狀況對於維繫關係來說是非常不利的，因為能夠跟你維繫長期關係的人只有那些「需要被別人需要」的人，這樣的關係則會彼此消耗，讓雙方都很累但卻離不開彼此。而如果跟心理比較健康的人交往，那個人可以好好照顧自己的話，就變成你單方面在消耗對方的能量，對方就會很容易離開。

而如果是另外一種，要先認知到自己這個「我比別人厲害」的心態已經造成身邊的人的壓力跟不舒服。事實上，這種需要證明自己是對的心態，也是一種極度的不安全感的展現型態，因為無法面對、承認自己的弱點跟錯誤。我們可以探討一下，為什麼自己會那麼堅持「我是對的」這個立場？為什麼只要有人不同意自己就不舒服？而不願意去接受好壞對錯的標準會因人而異的這個觀點呢？

.3

潛意識溝通：前提與立場

在面對任何人的時候，根據我們對狀況的定義，會進入不同的狀態跟「前提」。像先前所講的，是否把自己當成一個「戀愛對象」就是一種前提。

當我們進入了把自己當成戀愛對象的前提時，才有可能把眼神、觸摸、笑容變得「有電」，而這個前提不一定是自己會意識到的。就算我們把自己當成一個戀愛對象，可能也是會有地位高低的差別，當我們把對方放得比我們高，就會下意識做出比對方低等的行為舉止。

3.

羅馬不是一天造成的，習慣也不是一天養成的。我們在不知不覺、無意識中，每天都在告訴別人的潛意識非常多訊息，我們的存在本身就在散發很多訊息。而這些訊息來自於我們對自我的信念，以及對世界的看法。一天一天的累積，就會形成一些無法輕易撕掉的標籤與印象。

我最近看了非常多有關訓練狗的影片，發現原來狗跟人的關係，與人與人之間的關係非常的類似，我們就拿養狗這件事作為比喻吧。

從這些我看到的影片中，訓犬師必須透過一些時間先與狗建立關係，如果是攻擊性強的狗，訓犬師會先離遠一點，再慢慢靠近，為的是保護自己不受傷。訓犬師雖然採取措施保護自己，但他們因為了解狗的習性，所以並不害怕。然後在互動中用一些模仿狗媽媽的方法跟態度去告訴這隻狗自己處在什麼位階，而這個位階是不容挑戰的。

這與人類有 87% 像，為什麼呢？基本上我們在傳達訊息的時候只有 7% 是取決於語言，有 33% 是來自於聲音訊息，而肢體語言則占了 55%。雖然人類聽得懂語言，但事實上我們在接收訊息的時候，仍然是透過這樣的法則。

因為潛意識對我們的影響力比意識對我們的影響力還要強很

多，所以基本上如果有人駝背或是語氣低落的說自己很有自信，那麼我們是不可能會相信他的。如果你要告訴你的狗牠不能一開門就興奮衝出去，要牠有耐心、冷靜下來，那麼你就要用你的肢體語言告訴牠，門附近的區域是屬於主人的，不是牠的。

其中一個影片中，無法約束寵物的主人很明顯不論在肢體跟語氣上都充滿不確定、猶疑、害怕等情緒，而狗是感覺得到那些情緒的，所以牠知道即使不聽話也沒關係。

動物的階級概念很明確，人類雖然提倡全體平等，但實際生活上的階級概念仍然比比皆是。你展現出討好的姿態，散發恐懼的氣息，就是低階級的展現模式的一種。你展現出自然的樣子，展現無目的的氣息，就是展現平等階級的模式。當你態度堅定穩定，不受對方影響的氣息，就是在展示高等的階級。這也是為什麼有些人會天生散發領導人的氣息、有些人平易近人、有些人則散發出是孬種的氣息。

所有被狗兒爬到頭上，甚至因為狗不高興而被狗攻擊的主人，態度都很軟弱，甚至可以感覺到他們一直莫名其妙覺得拒絕狗狗為所欲為等於「狗狗好可憐」（但事實上狗訓練師只是使用狗媽媽在照護狗孩子時會用的力量，因為即使是野外也並不是所有時候幼犬都可以為所欲為，如果亂叫、亂跑可能會被其他動物發現、攻擊。所以母狗在教育小狗的時候也不能讓牠們隨意亂來，並沒有什麼「好可憐」的概念）、「怎麼辦牠更凶了啦不要逼牠了」，好害怕牠更生氣，雖然會阻止一下，但並不堅持。

這很明顯地延續上一點，大部分的狗其實並不笨，也聽得懂你要牠做什麼，但有時候因為你不夠了解牠，不知道牠需要什麼才會想要學，在大前提上，也許牠需要的是對你的尊敬，需要的是你對自己的界線足夠了解。在實務上，牠需要的可能是某種牌子的零食或是罐罐作為獎勵，或是做為主人高興、滿意的反應或是真心的讚美。

當你前提位置站得不正確，你高興、滿意或是讚美對牠來說可能根本沒有任何的價值，甚至會視你給的零食作為你討好牠的方法，而不是獎勵。如果你在不對的時候給予牠零食，例如當牠在吵鬧、不乖的時候給，同時在牠做出對的事情時，給牠的獎勵與牠吵鬧時沒有差很多。也許牠接收到的訊息是「反正不用乖乖的，用吵的也可以」，那牠可能就不會選擇做對的事。

很多時候我們在面對關係時如果連位置都沒有站好，使用什麼方法都是沒有效用的。關係的位置並不是根據我們的條件來決定，而是如何去看待自己的位置。我們面對不喜歡的人都很順利，就是因為我們已經把自己放在一個「對的前提」上，用平等、無得失心、關注對方而非自己的態度在面對對方。

一旦面對喜歡的人就很容易會失常失敗，也是因為我們把自己放在一個「錯誤前提」上，用討好、充滿得失、關注自己非對方的態度在相處。

真正決定我們在關係中的位置的，是我們在面對關係時，對自己跟對方下的定義，而不是根據我們的客觀條件。例如長得很漂亮的女生，在面對沒那麼喜歡的男生時，可能認為自己條件很好，也並不在意他身邊是否可能有條件更好的女生存在；面對喜歡的男生時，可能就突然開始不滿意自己的長相，或是開始跟其他女生比較、害怕對方被搶走等等。

喜歡上了對方之後，我們是否還是把自己放在與對方平等的位置？甚至是不是比對方高一點？或是我們有時候能不能讓自己偶爾低一點讓對方感覺良好一下？所謂一個人的價值感就是被這樣「能伸能縮自在的態度」所營造出來的，而不是條件多好。

覺得自己不夠好的時候，不論面對的對象是誰，不論條件比你差或好，我們都真的會變得不夠好，因為我們所展現的一舉一動都搶著站上低人一等的位置。當我們覺得自己足夠的時候，不論面對的對象是誰，等級是否高你很多，我們真的就會變得足夠。

我所說的認為自己夠不夠好並不是藉由條件而去認定的，而

3.

是發自內心對自我「存在」的自我價值感。這就是潛意識溝通的力量，不論我們有沒有注意到，它都在不斷進行著。

.3

獎品 vs. 贈品

延續上一個潛意識溝通的主題，沿用到戀愛這件事情上面，可以看一下我們在面對喜歡的人的時候，我們把自己當成什麼？是當成獎品？還是贈品呢？在吸引的時候，如果你希望男人對你更感興趣，那麼就需要把自己當成獎品來看待，但很多人會誤以為是要把自己弄得好像高高在上，為了成為「獎品」費盡心思，極力想要成為獎品，非常害怕淪為贈品。

3.

獎品的心態不是機掰

我曾經接過一個學生問題，我們的對話是這樣的：

學生：「如果不想讓男人覺得我很好得手，是不是不應該遷就他的時間？約會的時間由我決定？」

Dana：「不用矯枉過正吧？時間只是其中一個感受你有沒有價值的元素，如果時間都你挑，但你還是一樣表現很缺，那一樣沒有用啊」

學生：「如果男生遲到的理由是要________（大家可自行填入），我應該接受嗎？還是以後就選週末好了？」

Dana：「每個人能夠接受的事情不一樣，怎麼會來問我呢？」（選週末就可以改變什麼情勢嗎？他會因此更重視你？）

學生：「如果坦然接受他遲到，我不就變成贈品了？」

Dana：「為什麼你會認為坦然接受他遲到＝贈品？」

學生：「要讓他付出，我才是獎品啊。接受他遲到，不就是我付出嗎？優勢都在他那了」

聽到這裡我都快要暈倒了，我一手扶額一手打字。

Dana：「你不覺得，處心積慮想要當獎品的人，比較像贈品嗎？你認為為什麼優勢都會在他那？你必須那麼用力才能變成獎品？」

Dana：「你覺得，奧斯卡會為了讓某個演員得獎，它才能『證明』因為這個演員得獎了，奧斯卡才得以成為影壇最高榮譽嗎？」

學生：「我想……一個沒有用心演戲的人，也沒有說服力去得奧斯卡獎吧？如果這個人沒努力就輕易得獎，也不會珍惜啊！」

Dana：「那你覺得奧斯卡會管這個人有沒有認真演戲嗎？沒有獎項是為了讓某個人得獎，叫他去努力演戲的。沒有你得，也會有別人會得。現在這個狀況，不是你比較想要他得獎嗎？而他可能沒有很希望得獎吧？硬想要把獎項頒給一個沒有想要參賽的人，還想要洗腦他應該要珍惜獎項，那現在到底誰才是獎品呢？」

一個人是不是獎品，並不是因為她故意不理人，故意刁難別人，或是只要對方遲到就完全不接受。大家可能很容易把「獎品」跟「機掰」搞混。

獎品的心態，是「做自己想做的事」並且坦然接受任何結果，而不是「因為害怕別人認為我不是獎品」所以選擇做的事或行為。那不是一種需要去透過行為或是外在結果證明的事，真正認為自己是獎品的人，不會去執著一定要做一般人眼中認為獎品的行為，而是不管這件事情會讓她看起來如何，想做就是會去做。

把自己當成一個「別人會努力想要得到」的東西。當你這樣看自己的時候，別人自然而然也就會把你當成「想要得到」的東西。

這邊所說的前提並不是你在腦內對自己的自我催眠，因為如果你明明很有得失心，甚至認為自己如果不努力肯定無法讓他喜歡你，那麼你再怎麼洗腦自己效果也有限。你能做的事情是去想一下你在面對沒有那麼有興趣的人是什麼狀態，那個狀態才是真正的把自己當成獎品的狀態。只要把那樣的狀態移植到面對喜歡的人就可以了，這會比你自己模擬出一個沒經歷過的狀態更有效率。

獎品和贈品的特質

面對不同的人要有什麼不同的狀態跟態度，首先根據我們對這個人所下的「定義」有關，有了定義才知道要怎麼反應。當你把自己放得比對方低，就會有以下幾個狀況出現：

當你把自己放得比對方低時 | 贈品感

1. 你覺得自己要特別「做些什麼」，對方才會喜歡你，你要變得更漂亮、更有氣質、更有才華、更賢淑、身材更好、更會說話、更有趣……等等。

2. 面對他，不管做什麼你都要想很久很謹慎：要先傳訊息給他嗎？要約他嗎？要跟他說什麼？要怎麼表現他才會喜歡我？我應該欲擒故縱嗎？還是我應該這樣還是那樣做呢？

3. 不知道他到底喜不喜歡自己，他到底在想什麼？為什麼有時候好像有喜歡我，為什麼有時候好像不喜歡我？

4. 覺得對方好棒，想像所有跟對方在一起的各種美好，覺得只有跟他在一起才能更快樂。

5. 因為害怕對方不喜歡自己、害怕失去時機、害怕錯失某個機會、害怕他喜歡其他女生 而開始遷就對方，就算對方沒約甚至會主動排開時間給對方，變得無法拒絕對方的任何要求。不敢讓對方有任何一點不開心。

3.

是不是有種很像贈品的感覺？接下來我們來對比一下，面對你不是特別有興趣的人呢？

當你面對不特別感興趣的人時	獎品感
1.	你從來不覺得自己要特別做任何事，也不認為自己需要為了讓對方喜歡自己變得「更好」。
2.	面對他，你什麼事都不太會想太多，想傳訊息就傳、想約就約、想說什麼就說、想不理就不理。行動上除非牽涉到基本禮貌或需要拒絕的事，不太會去思考「應該怎麼做」。
3.	對方喜不喜歡自己都非常清楚，也不在意他在想什麼。
4.	覺得對方就還好，沒有特別好也沒有特別不好，沒有他本來就很快樂。
5.	完全不遷就對方，完全不會有對方不約還預留時間給對方這種概念。根本不怕拒絕對方，如果自己沒理虧，也不在乎對方到底開不開心。

是不是很像獎品的感覺呢？你以為，你喜歡的人都沒有喜歡你是巧合嗎？如果你也有被追的經驗，我相信你也清楚當「追求者」把你擺在高位，而不是平等地位的時候，你是否有壓力？他做什麼都扭扭捏捏，充滿不確定性、怕被你拒絕打槍。是否相處起來很卡、很不舒服？也許你甚至會覺得這個追求者什麼外貌條件、工作都不錯，但就是無法喜歡上他？

如果一個男生不把自己當成「追求者」，而是一個跟你自然相處的人，偶爾曖昧戲弄你一下，不論他是否長得帥，只要不猥褻、乾淨舒服，你是否比較有心動的感覺呢？同樣的道理，比起被追求，我們每一個人都喜歡比較平等的關係。

當然青菜蘿蔔還是各有所好，因為也並不是所有你沒興趣的人都喜歡你，但是我能保證不平等的關係是無法讓對方喜歡上你的。而平等的相處，絕對是目前不做任何外貌上或是肢體語言上的改變，卻可以將「讓對方喜歡上你」的機率最大化的絕佳方法。

那回到我們的重點上，我們如何調整前面的對比項目，如何去思考才能夠讓我們在吸引的時候變得比較順利呢？

3.

調整思考，讓吸引更順利	讓對方喜歡你的機率最大化
1.	相信不用特別做什麼，對方也會欣賞你。反而要讓對方有機會可以為你做一些事。
2.	面對他的時候，完全依照「我『想』怎麼做」來做決定，而不是「我『害怕』某件事會發生或某件事不發生」。不要把自己的行為的決定，綁在對方的反應跟結果上。
3.	把重心放回相處本身，不要去思考關於未來或是過去的事。就像是你在跟好朋友相處的狀態一樣，讓自己放鬆，相信對方如同相信朋友會喜歡你一樣。
4.	不過度美化對方的好，每一段關係的結束都是因為了解而分開。將他「很棒、很好」的好壞價值判斷換成「我喜歡與否」。
5.	在先尊重自己開不開心的前提之下，關心對方開不開心，就跟對好朋友的狀態一樣。

.3

讓關係更穩固：位置改變的彈性

一段輕鬆的關係位置不會永遠都在固定的狀態裡，有時候可能是平等、有時候可能是低位、有時候也可能是高位。

關係不順利的原因永遠是我們只願意（或是只敢）把自己放在某一個位置不移動。例如必須永遠在高位，就會變成永遠都不願意主動、付出，讓接近他的人都覺得不舒服。或是例如永遠必須在低位，不願意接收、相處充滿不被喜歡的恐懼，就會使接近他的人覺得壓力很大無法自在。或是例如永遠必須在平等的位置，看起來似乎不錯，關係會很快地拉近，但是會少一點愛情的感覺。

維持同一個位置久了則失去了樂趣跟趣味，愛情裡就是因為有自己在高、低、平等等位置都有，才會有所謂的酸甜感。

位置的移動是一種情趣

我們只敢把自己放在某一個位置不移動的這個結果，來自於我們把位置高低看得太嚴肅，看得很嚴重。而看待這件事嚴肅與否的背後也是恐懼所影響，因為自我價值感不足，所以我們才需要一直確定自己比對方占上風，透過不斷確認對方是更愛自己的來確保自己的安全。或是害怕對方離開，必須一直透過付出、犧牲來綁住對方。

當我們自我價值感足夠的時候，才能夠把關係位置的高低當成情趣來看待，一旦我們能達成這個境界，通常談戀愛都不是什麼大問題了。

在剛認識的時候，由於男人想要追求追逐、挑戰的快感，你會需要把自己放得稍微比對方更高位一些，這樣才能創造對方更主動、更想用心付出的機會。而關係要更穩固，就像剛剛說的，不能永遠把自己放在某一個位置不移動。若一直不移動，就不容易在對方生命中為自己創造不同的意義跟角色。在對方生命中擁有多重角色才能夠使自己的不可取代性變得更高。

我們不止要能符合「女」的功能，也要能夠像對方的朋友一樣可以打鬧、聊天、開玩笑的輕鬆相處，符合「人」的基本存在，也要能夠偶爾讓對方感覺到自己很有價值、很占上風、很有面子。如果我們要在吸引的階段就好好建立起跟對方的穩定關係，就要能夠培養在三個位置（高位、平等、低位）之中都能自由移動的能力。

要怎麼培養這樣的能力呢？首先你需要問自己的問題是：為什麼你想要談戀愛？你談戀愛是為了什麼？

這個問題的答案有百百種，但我們想要談戀愛的慾望，來自於我們想要擁有我們認為自己沒有的東西，或是我們認為自己無法給自己的東西。所以當我們從另外一個人身上感覺到對方可以帶給我這些感受、東西的時候，就會想跟對方在一起。例如被愛的感覺、陪伴、肯定等等。我們不認為我們可以提供這些東西給自己，所以就需要依賴另外一個人來提供這些東西給我們，而且只能從別人身上得到。

當我們越是認為想要擁有的東西是別人可以決定的時候，就會產生很大的不安全感跟恐懼。相對來說，得到的時候也會特別快樂、抓得越緊。

我們喜歡的是「被想要」而不是「被需要」

當自我價值感越不足的時候，談戀愛所能提供的快樂越是巨大。

由於認為自己不足，所以獨自一個人的時候就會感覺到匱乏、空虛、不快樂，想要向外尋求安慰。就像是別人盤子裡的東西總是比較好吃，當我們不認為自己擁有的時候，就會把我們所沒有擁有的東西都理想化。

越是理想化，越是會想要向外尋求。我們認定了一個人之後，就會開始讓恐懼支配我們，因為我們的認知開始告訴我們「只要這個人離開，我想要的東西就再也找不回來了，因為我只認為這個人可以提供給我這些東西」。這時候我們可能就會在愛情裡漸漸失去自我，而對方也就漸漸地對我們越來越沒有感覺。

雖然我們可能會在談戀愛的當下認為自己「擁有」對方，那是在關係還很好、一切外表跡象都符合期待的狀況下。心裡都知道對方仍然是一個有自由意識的個體，所以對方還是有可能隨時選擇離開。

而內心越是豐足的人，比較不會因為談戀愛而產生巨大的快樂，因為這樣的人比較不會去創造脫離現實的愛情幻想，也就比較能夠看見現實跟實際狀況，相對的也會比較沒有那麼害怕失去（因為單身的快樂跟談戀愛的快樂差距沒有那麼大）。

內心的匱乏會使得我們很容易破壞關係，不論是在吸引階段還是已經交往的階段。關係的破壞取決於我們什麼時候開始覺得匱乏、在什麼點上不安全感會噴發，這個匱乏會讓我們產生強烈的「需求感」。雖然有些人會說自己「喜歡被需要的感覺」，但是事實上沒有人喜歡被需要的感覺。我們喜歡的是「被想要」的感覺，而不是被需要。

需要的意思是，擁有的時候不會開心，但沒有會很痛苦。你可以想像一下，是不是有點像是你跟父母的關係？如果爸媽是不願意放孩子自由的人，是否他們失去你會很痛苦，但擁有你在身邊也不見得表現得很開心？這樣的關係有讓你覺得自己很有價值嗎？你也可以想像一下，如果今天有一個人，你出現他沒有很開心，但你不在他就會很痛苦，你會想要靠近這個人嗎？看見他會很開心嗎？還是會覺得壓力很大？

而「想要」的意思是，我沒有不會很痛苦，但是有了會非常開心。就像是你與朋友的關係一樣，你不在的時候他們也不會很痛苦，但是有了你就好開心。你會不會覺得很輕鬆，很想要一直跟他們相處？會不會覺得自己的存在對他們來說是有價值的？

需求感會使人倒彈的原因，並不是來自於我們「想要」談戀愛。擁有脆弱跟慾望並不是什麼會讓人討厭的事情，因為這些東西每個人都有。真正讓人不想靠近的，是我們把認為自己能否快樂的機會都綁在對方是否喜歡自己、能否在一起這件事情上。我們無法為自己的快樂負責，也因此一舉一動都充滿了意圖性，使人壓力非常大。

因此，**如果想要擁有那樣移動位置的彈性，就必須先變成一個一定程度可以自給自足的人**。先找到自己為什麼要談戀愛，想要在戀愛中尋求什麼東西，並且開始成為可以滿足自己的人。當我們可以享受自己的陪伴，就不需要他人陪伴。

但「不需要」的意思並不是就此想要隱居深山不想與人接觸，

而是他人與自己的陪伴擁有不同的快樂，我們多了一個選擇，而不是只有他人的陪伴才能給予我們滿足。我們可以「想要」他人的陪伴，而不是「需要」。

很多人會問，當自己「不需要」談戀愛的時候，那談戀愛還有什麼意義？我們也沒有「需要」iphone，那買 iphone 是沒有意義的嗎？不需要不見得就不能想要。

只有當你「想要而不是需要」的時候才能賦予他人價值。就像是當我們被自己看不起的人稱讚時並不會感到開心一樣，一個匱乏的人需要我們也不會讓我們多開心，一個豐足、看起來很會生活的人「想要」跟我們在一起，我們才會覺得自己很有價值。想要而不是需要也才能夠讓人做好關係的平衡，不抓特別緊也不放特別鬆，面對事情不小題大作，才能使關係安穩地走下去。

3.

如何不再索討愛：懂得愛自己

很多人會問我，到底要怎麼樣才可以不再向外索討愛？到底要怎樣才可以不再重複破壞關係的行為？要怎麼樣才能讓自己快樂呢？這三個問題其實是同一個問題，因為當我們不再向外索討愛，就會快樂，自然就不會產生破壞關係的行為，生活中的每一個環節，都是環環相扣的。

會向外索討愛的原因，是因為過去在小時候所需要的愛，並未被父母滿足，於是我們對於親密關係的心智年齡，就停留在那裡。因為我們知道父母總有一天會離開我們，當我們向外去尋找其他可以給予我們愛的對象時，就會把小時候沒有得到滿足的部分跟模式轉移到親密愛人身上。也就會產生很多索求行為，然而當我們把愛這件事情交給別人的時候，就會受到對方的左右，不僅自己很累，對方也因為自己的任何意志行為都可能對你造成重大損害而充滿壓力。

我們小時候要是沒有重要他人的照顧與愛護，就沒辦法生存在這個世界上，我們不像野生動物一樣，一生下來不到幾個小時就能跑跑跳跳覓食，人類嬰兒比其他動物的幼兒脆弱得多。那時候我們因為很脆弱，不得不把自己交給別人，所以我們很容易把陪伴、照顧、依賴這一類的行為當成是「愛」跟得到愛的方式。潛意識裡我們也會把「沒有愛」這件事情跟是否能生存相連再一起，這也就是為什麼我們面對親密關係如此焦慮。

關注自己的內在小孩

長大之後，雖然還是帶著小時候對於愛的欲求不滿，但我們現在已經不是沒有行動能力、思考能力的小孩了，換句話說，我們也有能力可以不再外求，能夠透過自身，去滿足自己的慾望。

所以我們要變成內在小孩的父母，去關注他、做他想做的事情，而不是跟無法滿足我們欲望的父母一樣，告訴自己「應該要這樣」、「不應該那樣」。而「應該」這個概念，本身就已經跟「想要」相違背，正因為跟自己想要的不一樣，才會需要「應該」、「不應該」來幫助我們判斷事情該怎麼反應跟處理。

但同時，「應該」與「不應該」就是扼殺自我的元凶，這些應該與不應該，來自於我們的父母，做「應該」做的事，我們才會得到愛；做「不應該」的事情，就不會得到愛。我們學習到，愛是有條件的，我不能做自己、我不能拒絕、我不能反抗、我不能自私、我不能不體貼……等等。這些，就是來自於「應該」與「不應該」的概念。

但很多人長大之後，因為小時候的創傷太過嚴重，已經無法區分「應該」跟「想要」到底有什麼不一樣了，他們會認為「應該」就等於「想要」，而持續的扼殺自己內在小孩的欲求，繼續產生破壞關係的行為，不斷陷入痛苦的循環中。不論他們有多想改變，但又正因為他們的改變是為了要得到認同、得到愛，就又更不可能脫離「應該」與「不應該」的詛咒。

這些應該與不應該，跟著我們到長大，我們信奉著這些教條，正因為我們還是需要從父母那邊得到認同，我們還是期望父母應該是完美的父母，不應該給我打擊、不應該情緒勒索我、不應該不支持我……等等，因為內在小孩必須由外在去滿足，我們就仍然會以「父母（神）」的角色去看待父母，而不是一個不完美的個體。

但實際上，父母本身也會迷惘、其實也不知道自己在幹什麼，也有自己的創傷課題要處理，就是一個很普通的人類罷了（所以這也是一般人會在自己也成為父母的時候，開始跟爸媽的關係變好、變得更懂事的原因，因為理解到爸媽也不過是普通的人而不是完美的父母，而自己終於能夠透過這一層理解，從無法從爸媽身上得到理想的愛的陰影之中脫離）。進而，在與父母的關係上，當父母說了你不喜歡聽的話，你就不會那麼想要反抗或是說服爸媽，而可以使用比較溫和的方式讓衝突減少，自己也不會因此不滿。

所以，如果想要變得成熟，變得能夠「愛自己」，我們就必須擔起給予自己內在小孩愛的「父母」的責任與角色，**慢慢去釐清自己到底生活中有哪些事情、決定、感受是被「應該」與「不應該」所壓抑著，有哪些其實是有別的選擇想要去做而不自知的。**

3.

我們要開始去尋找「自我」，「實踐」了自我，才能漸漸地從父母陰影中的枷鎖脫離，也才能讓自己開心，才能停止連自己都很討厭的破壞關係的行為。也就是當你不再向外索討愛了，你就自給自足了。

親密關係不是宣洩壓力的管道

記得我前面所說的，生活中的每一個環節，都是環環相扣的。正因為那些「應該」與「不應該」，我們平時在外都是戴著一個假面具，有一個形象要維持、有一條安全的路必須走、我必須依照別人的期望、我必須這樣做才會被喜歡……，而無法釋放真正的自己。

當這些想要釋放真我的欲求不斷地被阻擋，然後不斷累積成壓力，我們就會「需要」親密關係來釋放我們這些無理取鬧的、蓄意破壞的、操弄地、勒索地行為，並且，因為「只有」親密關係能夠讓我們釋放，我們就自然地會把親密關係抓得越緊，也就越容易讓對方喘不過氣想逃開（記得，環環相扣）。

當你不再「需要」親密關係來釋放生活中其他時候的面向的壓力時，才能真正地不需要去「索討」愛，因為你能滿足自己的欲求了，慢慢地從他人身上需要得到的滿足感也會降低，需求感自然會降低，別人跟你相處起來也輕鬆了起來。

同樣是「我想要你多花點時間陪我」這句話，也會從充滿壓力，轉向充滿愛意與撒嬌的情趣上，不同的心態會帶出完全不同的感受。當你「必須」從親密愛人身上得到陪伴的時候，那就是壓力跟勒索，但若你只是「表達需求」當下就得到滿足，而並非「必定」要對方照你的期望做的時候，就會成為情侶間的情趣而非壓力了。

當然，回到現實層面，我們不可能真的「隨時隨地」做自己，就像在孩提時代一樣，想大哭就大哭、想大笑就大笑、想搶別人東西就搶、想生氣就生氣、想尖叫就尖叫、想撒嬌就撒嬌、想任性就任性，但你可以開始跟內在的小孩溝通，至少你能夠「知道」他現在其實是想要生氣而不是像以前一樣跟自己說「不能生氣」、「不應該生氣」，然後可以跟他溝通協調，可能可以安撫他，叫他等等到沒人的地方再生氣，或是跟能夠理解自己的人大肆生氣，但你至少知道，他需要生氣的發洩了。

3.

父母關係、情人關係、朋友關係……生活各個層面，都是環環相扣的，有時候改善原因的同時也是改善結果，問題跟回應方式有時候是同一個層級的問題，改變自己同時也是改變他人對你的態度、世界對你的態度。

事情有時候並不是一定有先後順序，而是同時並存，一個核心解決了，什麼都解決了。最後，要真正的達到愛自己、不索求、不重蹈覆徹、脫離爸媽陰影、變得成熟、自由，其實就只是「找到最真實的自己」這樣一個簡單的概念而已。

.3

上床的時間點？

我相信很多女人對於這個議題一直是很迷惑且不知所措的，在這個大家都開始談起速食愛情跟主張女人情慾自主的年代，我們一面希望自己的慾望能夠自由抒發，一面又害怕太早或太快與男人發生關係這樣的行為，是否會影響到自己想要的感情？到底是要做還是不要做？做了之後大部分的結果似乎是讓女人感到後悔的，但當下覺得意亂情迷的時候，兩性平權的聲音又可能出來反駁「女人為什麼不能！」

我能夠理解這樣的矛盾與衝突，過去我也有過同樣的問題與疑慮。但是關於這個議題，要去理解它其實沒有那麼困難，我們只要知道一個關鍵點就可以了，就是——在高潮之後，男人的大腦會冷靜下來，所有意亂情迷都會消失。

所以那是代表上床以後會瞬間冷掉嗎？

是，也不是。如果是以當下來說，的確是瞬間冷掉。但是對於你們的關係來說呢？並不是。我們過度放大了上床這件事本身的重要性，而忽略了上床前的所有相處，以及上床後對於關係態度的改變。我不會否認上床這件事的確某種程度上是關係進程的里程碑之一，對男人與女人來說的意義不太相同。

上床這件事是否會影響到你們彼此的關係，決定權並不是上床與不上床，而是上床之前你跟對方建立起的印象、感覺、吸引力強弱以及上床後你對於關係態度的變化。所以我其實主張，**上床這件事是否會讓關係破滅，在關係還沒開始之前就已經被決定好了**。

為什麼呢？因為決定這件事的其實是你對於性這整件事的認知，認為它所代表的意義，以及跟對方發生性關係的真正原因。

我看過許多故事與案例，有些女人有過不只一個不是談感情的性伴侶，有些最後對她產生認真的感情，有些是她對對方產生認真的感情，甚至有雙方都產生對彼此認真的感情的狀況。假設這些事情是真實存在而不是編造的，那我們去討論上床是否等於變得冷淡這件事就沒有意義，因為從這些事實的存在就讓我們知道，「上床是不是等於會冷掉？」的答案不會是肯定的。

如果上床真的等於冷掉，那麼床伴根本不可能對這個女人產生認真的感情。但我們心中的恐懼還是會作祟，不斷地把這個假議題拿出來重複反問。

如果你會害怕上床就等於關係變冷淡、對方會不珍惜，事實上就代表著你的認知潛意識裡，認為上床等於「給出了自己最強力的籌碼」。當你把性當成能夠去影響男人是否對你認真的籌碼時，你就自動否定了自己身上的其他美好特質，不知不覺中在跟對方相處時，展現對自己的不自信與不安全感。這個潛意識信念會默默影響對方對你的感覺，可能是覺得你沒有那麼有魅力，可能是覺得你是一個很麻煩的人。

但因為對方頭腦還未冷靜，也許滿心只想要達成成就（也就是上床或獲取你的心），所以不會想到這麼多，但一旦上了床，冷靜下來之後他就會知道你是不是他想要的對象。再換句話說，如果你本來就是他想要的，他冷靜下來之後會更清楚你就是。如果你本來就不是他想要的，他冷靜下來會清楚你不是，所以不管上不上床，結果都不會變，只是上床可能加速這件事情的發生罷了。換個角度想，省時又不浪費彼此時間，不是嗎？

而當你有「性是能夠影響男人的籌碼」這個概念時，你也會把上床這件事當成這段關係的重大轉折點。不安全感會爆發，表現形式有可能是對關係是否穩固的確認窮追猛打，或是等待對方來表示真心，但這些都是得失心忽然增高的外顯行為，而得失心會讓你的魅力盡失，讓對方倒盡胃口。

因為這些信念本來就讓你無法展現完全的魅力，讓你有更高的可能性在發生性關係之前就確立了「不是對方想要的」結果，所以一旦後續處理又是以一種得失心增加的方式互動，便更是強化了對方不想要這段關係的意念。

意思是，當你有這樣的信念，其實代表著你沒有落實性自主。當你心中認為用性可以影響別人的時候，性就不再自主，不論是做還是不做都是透過性這件事情在控制對方跟結果，這時候你就必須要去思考一件事，我想跟他上床是來自於自己對性的慾望？還是對於關係結果的控制？

我所接觸到的個案，大部分都認為自己跟對方上床是因為自己「想要」，她們誤以為這個想要是「想要上床」，但事實上證明她們的「想要」，是「想要使對方更喜歡自己」而不是「想要解放自己的慾望」。

因為如果更偏向解放自己的慾望，這根本不是問題，你有聽過男人問這樣的問題嗎？即使男人愛上床伴，而床伴沒有相對回應的案例也沒有少過，但我不曾聽過男人問過這樣的問題。這更顯示出了當我們心中有這樣信念的時候才會有如此疑慮，光是問出這個問題便是代表著我們根本還未落實性自主。

但請記得，性自主並不是只有「做」，「不做」也是性自主，我期望女人能夠尊重自己對性的意願而非去考慮這件事情對他人或是關係的影響，多去考慮跟感覺自己單純對慾望的需求。當我們把「性是籌碼跟關係重大轉折點」這樣的概念去除掉之後，性自然而然就不會是一個讓男人對你冷掉的問題了。

3.

年紀到底是不是問題？

其實不論是姐弟戀、彼此年紀歲數相差很大的（男大女小），還是任何跟外在條件有相關的任何我們認為的戀愛中的「障礙」，說實在話，根本不是什麼障礙，容我套用海濤法師的一句名言：「假的！」

我記得前一陣子有不少人來問我「遇到年紀比自己小蠻多的人」怎麼辦？這個關於外在條件的議題其實我在文章裡談過不少次，也許因為我們仍然會在生活中受到身邊的人的恐嚇（例如三十歲以後的女人就沒有競爭力了、要趕快嫁出去不然沒人要了……等等這些有的沒有的恐嚇），所以仍然無法跳脫出關於外在條件的迷思，今天這篇文章，我就只單用姐弟戀的角度來談談這件事好了。

當然不能否認，年齡這件事的確會影響我們「一開始」擇偶時的門檻，就跟外表一樣，只是年老不一定等於色衰，重點是有沒有「色衰」。色衰本身就不止包含外表的崩壞，更多的是自己內心對於「年齡」的崩壞感而導致的「老態」。

我也不否認，有些男人就是喜歡年紀比自己小的或是年紀相仿的，但是事實上大部分的男人並不執著年輕的肉體，因為只要你問他願不願意跟任何凍齡女神交往（例如：徐若瑄、林心如、朱茵……），相信還是會有不少人回答「願意」，表示年紀根本是假議題：「假的！」

男人在乎的根本不是年齡本身，而是：

1. 有沒有保養好

2. 是否受到年紀的壓力進而給對方壓力

第一點根本與年齡無關，而是外表舉止是否讓人覺得有魅力。第二點其實也跟年齡無關，只要相處上有壓力，不管年齡多大，都會讓人沒興致跟你繼續來往。所以其實那些拒絕的理由大部分都不是真的理由（尤其是跟外在條件有關的），沒吸引到才是真的。只要去看看那些跟你外在條件相同，但非常有女性魅力的人，他們會不會願意交往，就知道這理由到底是假的還是真的了。

說難聽一點，今天即使不是姐弟戀，你可能也會遇到很喜歡的、年紀比你大的，但你可能一樣吸引不到對方，那更能確定年紀什麼的根本是假議題了，沒有魅力才是真的。假使有足夠魅力，即便失婚過、有小孩，也是沒有問題的好嗎？而沒有了青春的優勢，當然就要有年紀洗練過的那種成熟跟智慧韻味，那是年紀輕的人不會有的致命吸引力。當然，如果連這個條件也沒有，比拼不過別人不也是很正常的事嗎？

我記得我前幾天在看日綜的時候，節目企劃是松本潤要帥氣地接待大牌女星宮澤理惠，讓大牌女星心動，而我看到的是宮澤理惠四十四歲了，舉止言談仍然像個少女一樣，但依舊保有四十四歲的女人的洗鍊氣質，平衡地非常地好。舉手投足都還是會讓人想要把她當成「戀愛對象」看待。

當然她仍然保有美貌這是一點，但我看到身邊很多其實也看不太出實際年齡又貌美有氣質的女性，舉止言談卻是一直不斷地展示出自己對年齡的自卑感，不斷傳達出「哎呀我已經老了沒有年輕妹妹有魅力了，男人不會喜歡我」或是「這是你們年輕人的玩意，我有隔閡」的訊息。就連身為女人的我看到都覺得跟她相處很累，更甭提男人了，一定更是備感壓力。

很多時候，姐弟戀無法成立的問題，就是出在女生先在觀念上給自己限制，為了要結婚生子的這個目標，認為必須要透過另外一個他人才能達成，如果又缺乏了吸引自己喜歡的人的能力，肯定是處處展現又缺又急又自卑的觀感給接觸自己的男性，那麼離對方「主動想要」跟你結婚生子共組家庭共度一生的目標又越來越遠了。

這個年齡焦慮這件事，我想要請每一位女性想一想，能不能給自己另外一個可能性？首先，結婚跟生子一定要掛勾嗎？如果你真的很想要生子，結婚是為了生子，那麼強求來的婚姻也許能夠給予你經濟上的幫助，但情感上可能不會有，沒有戀愛的滋潤又不能自由地去跟別人戀愛，也會進而給自己情緒壓力。與其維持一個不美滿的雙親家庭，我個人認為對孩子來說，充滿愛並且生活快樂的單親母親可能對孩子來說還有比較良好的影響力。

再來，是我看過身邊很多例子，是否能生出健康的孩子，與年齡並沒有直接相關，而是「身體狀態年齡」。有人五十幾歲也能生孩子，有人四十多歲生的孩子比三十歲時生的孩子還健康（因為三十歲以後才開始注意健康習慣，四十歲比三十歲時更健康）。

如果我們去探討時間的本質，會知道其實時間這種東西是相對性的，我們的時間概念是根據工業社會需要所制訂出來的，時間本身其實根本沒有固定的樣子，而且很主觀，這邊就不多談科學性的東西，大家可以自己去研究，但我們延伸出去，年齡雖然不是主觀的，但自己是否會隨著年紀增長而崩壞卻是很主觀的。

如果你遇到了真的對年齡或是對有沒有離過婚、胸部多大……等這種表面的標籤很執著的人，那麼這個人本來也就不適合你。如果他認為「年紀太大的女人沒辦法生」，那他永遠會用把女性當成某種工具的方式在看待你。強求的話就會演變成我們常常在網路上看到的提問，例如男友嫌我胸部太小、男友嫌我腿太粗、男友嫌我醜、男友嫌我老等等這種令人感到無語的問題。

首先這個人如果只喜歡大胸部，除非你交往前騙超大，不然他根本不應該跟你交往。這種男人要不是無法追到喜歡類型的女生，就是對自己的選擇超不負責任的人。再來是為什麼一個處處嫌你的人你卻要忍受下去？你覺得自己只值得這樣的對待嗎？這是你想要的愛情嗎？如果不是，為什麼不勇敢離開？

我們能不能把「單身」和「與喜歡的人共度一生」視為平等的選項？而不是為了選擇後者處處地委屈自己。當然如果想要有後者的話，自我提升讓自己有能力可以達成這個目的也很重要，只是關係就是一種呷緊絕對弄破碗的東西，你越急、越有壓力，越不可能得到想要的，因為就很像銷不出去的水果，打了超低折扣賣反而讓人覺得可疑。反而態度越是輕鬆，覺得每一種結果都很好的人，越是會讓人想跟她共度一生。

女人吶，在社會觀感上的確是會被時間綁架，但就是因為如此，我們更要去修練不讓自己被時間綁架的心態，讓自己更能夠對生命的結果感到自在，以及對自己的行為負責。當我們真的能夠修到別人再怎麼恐嚇我們，我們也能內心波瀾不驚，暗笑他們的迂的時候（這邊強調的是內心真實的感受，而不是假裝出來的鎮定。因為當你真的覺得這東西無法束縛你時，是根本不需要去反抗的），我敢保證當你已經在這個境界時，想跟喜歡的人共度一生就絕對不是一件困難的事情，甚至可能你還會考慮一下一個人過是不是更沒束縛更快樂呢！

3.

全身充滿優點才有人愛？

我們時常會認為，他人會因為我們的缺點而不喜歡我們，並且害怕別人發現所謂「真正的自己」。所以我們需要透過許多手法跟包裝來凸顯自己的優點，好讓自己不會被當成排擠、討厭的對象。因為在成長過程中，我們的天性會被父母「矯正」，並且用負面的態度應對我們「不適於社會化」的行為與舉止，僵化的規範與教育，同時間扼殺了我們的想像力與天賦。

例如我們認為雞不會飛，就告訴正在畫著讓雞飛上天的圖案的孩子說「孩子，雞不會飛」。雖然這的確是事實，但大人卻會懶得解釋「為什麼」。告訴孩子不能穿越馬路，孩子問「為什麼」，大部分的父母不會有耐性的解釋，反而認為孩子問了「為什麼」是在展現反抗的意識。有些人會告訴過動兒說，你有病，因為你「不正常」。但誰又能告訴任何人「正常」是什麼東西呢？

想被看見「好孩子」的那一面

為了適應群體、社會，我們把自己原有的天性壓制下來，在父母打罵我們的過程中學會了什麼是「好孩子」跟「壞孩子」，我們的所做所為是要討父母開心與喜歡，並且也對這個世界、這個社會、以及自己，產生了相對應「好或壞的期望」。

我們希望自己是美好的，不希望自己有一絲的「惡」，即使有，我們也會有許多合理化的理由去說服自己擁有「做這件事情的正當性」。

我們會希望他人看到我們展現的某種面向，並且害怕被發現那個可能會不被接受的一面。所以會開始「解釋自己是怎樣的人」。其實不管你再怎麼解釋，別人的感受都不會變。我也曾經非常害怕被別人討厭（當然現在也不例外，只差我不會被我自己的恐懼給控制），但我是用一種「我行我素」的態度來包裝自己很在意他人看法的事實，並且對那些迎合大眾喜好、「不做自己」的人嗤之以鼻，但又羨慕著那些受人歡迎的人物，這樣的矛與盾不斷在我心中敲打著。

「如果有好感，對方做什麼都很可愛。沒有好感時，對方做什麼都覺得很煩。」我開始思考，明明是同一件事情或是同一個缺點，為什麼有的人就是「討人喜歡」，有的人卻不是呢？到底什麼造成了這樣的差異？

直到有一天，有一個男性朋友在分享他的情史的時候，我好像有些理解了。

男性友人 A：「欸，你怎麼讓那些女生接受你同時跟好幾個女生約會又不給名分的啊？」

男性友人 B：「我也不知道欸，就一開始就講清楚吧，不能接受就算了啊我也不會強迫。」

男性友人 A：「那女生都不會討厭你？說你是爛人？」

男性友人 B：「還好欸，可能是因為我不騙人吧？」

我在一旁聽兩個男人大肆討論如何豢養大量後宮佳麗，聽到這一點我心中頓時豎起了兩個驚歎號！原來，我們在意的不是機車的行為本身，而是「欺騙與隱瞞」這件事啊！對啊，如果一個男人一開始就擺明跟我說不是跟我玩真的，我要是願意繼續跟他在一起，也是我自己在資訊透明化的狀況下做的選擇啊！我不高興也只能自己吞下去，也沒有正當性能夠怪到那個人身上了。

當時我只是領悟了在兩性關係中的這個關於「後宮」的道理，但實際上，我也漸漸在「人際關係」中體悟了這個原理。

接受自己
此時此刻的狀態

我相信大家在學校求學期間一定會遇到像這樣的老師：明明頭已經禿了一大半，卻還是要留個兩三根毛遮掩自己的禿頭，從頭的美洲端梳到頭的亞洲端。似乎是在欺騙自己：「有了這兩三根長毛，沒有人會發現我是禿頭！」這種老師就會暗自在底下被同學取笑，禿頭笑話滿天飛。大家也都知道不可以去觸碰禿頭這個議題，因為他一定會崩潰。這種玻璃心的感覺是有一定年紀的孩子都感覺得出來的。

但若今天有一個也是禿頭的老師，也許突然有一天，有個白目同學開口問他：「老師你的頭髮怎麼好像快沒了？」他的回應是：「對啊！搞不好以後上課太陽反光你們會被我閃瞎！哈哈哈！」用爽朗的態度回應。那會有同學取笑這個老師的禿頭嗎？還是會很喜歡這個老師？是不是反而禿頭這件事是讓同學對他更加喜愛的一個契機？竟然有人用這麼酷的方式應對這樣的缺點！

又或是一個人在一開始認識你的時候就直接大方的跟你說：「我很愛錢，我是個超級小氣鬼喔！」日後他在算錢時斤斤計較時，你會覺得這個人精打細算成這樣還真有趣。反而那些想要極力避免別人知道自己小氣的人，到最後還用一些拐彎抹角的方式，跟你說：「也不是我愛計較，但是你如何如何。」會讓人覺得實在是「非常討厭」。

明明長得不討喜的人，不瞭解自己的立場，想要模仿女神，就會讓人覺得「醜人多作怪」。有一次，我跟朋友一起去見了他的朋友，這個人穿著運動束褲、籃球短褲跟 T-shirt。他是個看起來有點肉，也不算是長得特別好看的人。他聊天聊到一個段落，很興奮地跟我朋友說他今天穿了運動風的衣服，要我朋友趕快幫他拍一張。拍完之後，他拿回手機，看著自己照片，竟然毫不在意地放聲說：「天啊我怎麼那麼噁心哈哈哈！」本來我對他沒什麼特別感覺，那一瞬間好感度激增，覺得這個人還真是爽朗啊。

其實我們自己是怎樣的人，旁邊的人都清楚。這世界上，唯一不知道自己是怎樣還喜歡欺騙自己認為別人一定不知道的人，說白的，就是自己而已。

你一上台，想要「假裝不緊張」，那麼大家一定看得出來「你很緊張」，當你想要討好身邊的人，別人一定感受得出來「你想討好大家」。當在約會時你想要展現魅力讓對方喜歡你，對方也一定感受得到。在尷尬的時候，與其假裝沒注意到剛剛很尷尬，不如說：「好尷尬喔，呵呵。」

但這意思不是要你惱羞成怒，說：「啊我就是這樣啊！不然你想怎樣！」或是開始攻擊別人說：「你還不是怎樣怎樣！」那樣的防衛姿態不會為你帶來任何好處，反而會讓別人覺得你很沒風度，甚至以後索性就在你面前戴起敷衍的面具了。這意思也不是說你可以雙手一攤，就決定擺爛，覺得：「哼，為什麼我要改變我自己迎合他人啊？不喜歡我就算了啊！誰稀罕？」

所有人都有能讓自己變得更好的空間，但與其一直極力掩飾不好的地方，不如就接受自己此時此刻的狀態。你不是不能進步或改進，但**與其花力氣掩蓋，還不如大方承認自己的位置跟狀態**。

3.

我發現那些討人喜歡的人，並不是沒有缺點，而是他們很能夠接受自己的缺點跟不完美的地方，並且不害怕別人看到缺點與正在努力的自己。

所以，也許你我有討厭的人事物，也許都不是因為他們的缺點而討厭。如果自己被討厭，也不會一定是因為我們的缺點，而是我們正在隱瞞些什麼，亦或是欺騙（不管是自己或他人）些什麼，重點在於你能不能夠就承認自己的錯誤與惡，承認自己也不過就是個擁有人性的一般人而已。

.3

最終都要回到「關係本質」上

很多人的人生路上，會錯把方法當成目的。在每一個方面都是，連感情也不例外。我們很容易忽略事物的本質，然後去追求一些支微末節的小事。

條條大路通羅馬，達成最終目標的方式有很多，但我們常常糾結、執著在某一種特定的方法、道路上，以致於前進也不是後退也不是。

我們常常會以為理想的目標必須用特定的形式或是要用自己期望中的過程來達成。這在生活上其實很常見，例如我們如果希望受到異性的歡迎，就會想要去變漂亮、變帥、身材變好，當然這是眾所皆知的一個能夠增加異性緣的方法，也是很多人認同的。但許多人在想要變得受歡迎的這條路上，錯把「外表變好」這個手段，當成目標，用盡所有的心力在上面，結果最後發現要跟自己想要的人建立好的關係，和外表的相關性其實並沒有自己想像中那麼大。

又或是我們想要人生是快樂的，但卻一直讓自己陷在不快樂的關係裡面，覺得必須透過某個人、翻轉某個人的想法，自己才會快樂。這也是很典型的錯把手段當成目標的例子，花太多心力在單一的手段上，一心一意的相信只有這條路才能到我想去的地方，但最後發現自己太執著要繼續待在這條路上，而完全忘記了目標到底在哪。

舉最近的例子來說，有一個已婚的美女來問我跟她老公的問題，她的目標是想要重新建立跟老公的關係，然後有一次，她問：「以前我隱忍，現在我不帶情緒地跟對方講我的感受，這樣算是推嗎？」彼此已經結婚了，已經不再是尚未熟悉之前要玩著吸引遊戲的階段了，與其去擔心自己做的事情是拉還是推，不如擔心自己是不是真的展現出真實的自己，並且也讓對方感受到真實，進而也想要展現真實，這樣才能建立起真正真實的關係啊。

關係的本質就是兩個最真實的個體的交流。

整天擔心自己有沒有好好執行推拉法，早就已經脫離關係的本質，也就不可能建立什麼好的關係，只剩下謀略跟假裝罷了。

其實事物的本質都很簡單，達成的方法也有很多，只是我們容易把事情複雜化。有時候關係就是讓自己有受傷的勇氣，不隱藏、不拖延，隨時把自己真實的想法傳達給對方知道，一切就沒有問題了。但我們總是糾結在誰先告白、對方是否有主動、這樣是否丟臉等這些小事上，而失去了很多美好的互動跟關係。

我記得我以前在 PTT 上看過一篇文章，內容是這個提問者她把「每一段感情都當成最後一次」，卻都獲得不理想的結果。這就是很典型的，忘記關係本質的例子。她在感情還未開始之前就已經單方面認定要把感情都當成「最後一次」來經營。很明顯地，這個人把「我對感情認真」當成一種值得稱頌的美德。

感情中，講求的是「是否合適」。如果彼此對未來沒有共識，個性價值觀也不合的話，這個「美德」就會成為對方很大的壓力來源，因為你無法給予對方一個「選擇沒有你的未來」的權利跟自由意志。

我記得有個朋友問我說：「我想找長期對象，但對方似乎沒有想找長期的怎麼辦？」即使抱著想找長期的心態去交朋友，這個人會屬於你生命中短期的就是會是短期，不會因為你想找長期而有所改變，也許是彼此的人生藍圖不相合，也許是時間不對，有很多因素，如果你想找短期，遇到適合長期的，你也會因為對方很好而不想放手。

關係是這樣的，兩個人之間彼此有好感，相處沒有壓力，才會產生意願。才會願意對你好、願意只看著你一個人、願意一起為未來努力。這個人直接把「願意一起為未來努力」當成一開始的條件，把整個行程「意願」的過程都忽略掉了。

我們想要一段好的關係，而名分、承諾、婚姻證書則是一段好的關係的延伸附屬品。但我們常常會以為得到這些東西就等於得到對方、得到關係。很多人執著「女朋友」、「老婆」或是那一句山盟海誓，所擁有的關係卻糟得一塌糊塗。**我們變成不是在經營關係，而是在經營「名分」。**

這些實體的附屬品，讓我們擁有某種可以持續欺騙自己關係還在的安全感，為了這些東西我們想盡手段控制、勒索對方，甚至為了這些東西跟對方撕破臉。

我記得我看過一個影片，內容是一個教授，拿了一個空罐子到課堂上，並且裝滿乒乓球，他問學生：「這罐子滿了嗎？」學生回答：「是。」接著教授又把很多黑色小石子倒了進去，問：「現在滿了嗎？」學生又回答:「是。」教授又拿出許多細沙填滿縫隙，問：「現在滿了嗎？」學生笑了，答：「是。」最後，教授拿出了兩瓶啤酒，倒進了罐子直到液體滿到最頂端。

我們大部分的人會將注意力放在沙子上，關心枝微末節的小事，花時間執著在上面，也就無法有空間裝下真正重要的事情，也無法看見真正重要的事以及錯過很多體驗，就這樣浪費了非常多的時間跟精力。

其實人生可以不那麼難，就是花點時間跟自己相處，靜下來想想事情的本質，而不是一直焦急於該怎麼做，急著去解決現狀，卻不去看現狀是如何生成的。當自己能夠把看事情的角度提升到本質上，很多事情就會變得單純，也會發現之所以痛苦，不過就是跟自己過不去而已。

後記

後記

力量永遠在你自己身上

每個人都有自己的坎需要過，像我自己本身就是從求學時代就有吸引的問題，很早就開始煩惱自己是否會單身一輩子，所以比任何人都早跟更認真去研究吸引跟關係。

有些人可能已經結婚三十年，老公出軌了或是突然離婚，才發現自己完全不了解男性心理。有些人可能是失去了非常非常重要的人之後，才會發現自己一直以來都是用容易破壞關係的方式在面對關係。但當我們還沒經歷足夠的痛與挫折的時候，我們是不會知道自己需要學習、前往下一個階段的。而當你還沒準備好的時候，你不可能會越過挫折去真正領悟什麼。人生的課題，無法跳級。

課題這個東西，早晚一定會遇到，絕對是你逃不掉的，即使一直想要用「好」、「對」、「應該」去逃避，盡量選擇一條安全的路，也無法逃開。每一個生活在這個世界上的人，都有自己的關係課題要解決。

這本書我花很多篇幅在跟大家傳達「把責任拿回來到自己身上」這件事，而當我們把責任拿回來，代表我們把改變自己的人生、人際結果的權力拿回來。要記得，改變的力量永遠在你自己身上，這世界上唯一可以讓你改變的人，只有你自己。不是這本書，不是別人，是你自己。

請記得謝謝願意買下跟花時間讀這本書的自己，只有當你自己有認同這本書的內容的意願，這本書才產生了它對你的意義。並且當你開始下定決心，要有勇氣去實踐看看的時候，才有改變的可能。一切都是你自己的力量。

「怎樣才是最好的？」

「怎樣才是對的？」

「你認為怎樣做比較好？」

「我應該怎麼樣？」

我在我的很多學生的身上，看見了很多「想要尋找標準答案」的特質。我想這跟台灣的教育體制有很大的關聯，台灣人很喜歡去尋求「對的」、「好的」、「應該的」的答案，學校教育在我們潛意識中植下了一個「事情其實都有一個標準答案」的觀念，到了進入社會、真正面對人生的時候，我們自然而然就會去尋求對、好、應該這三的元素，如果我們無法從他人口中得到這些認同，就會開始很不安。

人生會有這麼多的困難，其實就是我們對於「灰色地帶」的忍受力很低，這也是為什麼很多人面對人生都會很迷惘。要不是覺得什麼都不好、無法做決定，要不是就覺得什麼都很好、全部都很想要。當我們看待事情的維度單一化，人生也就衍伸出很多問題……不，不如說是因為我們「希望事情維度單一」，這樣在做人生的選擇上會簡單一些。

這個「想要尋找標準答案」、想要「在別人的肯定中得到安心」的不安全感，卻正是我們生活不快樂的源頭之一，因為這樣的習慣，我們其實常常忽略了我們內心真正的聲音。

當我們在尋求對的、好的、應該的這三個元素的答案的時候，其實根本沒有去問自己到底想要什麼，而只是希望擁有可能你認為「比你厲害」、「比你更有經驗」或是「大部分的人」都認同的選項而已，因為這樣「比較安全」。但忽略了內心真正的聲音的選擇，又怎麼可能會讓你感到快樂？你可能可以感受到「安全」，但絕對不會快樂。

當我們開始想「這件事應該怎麼做」、「怎樣比較好」、「怎樣才對」的時候，其實某種程度就已經告訴你，這跟你想要的不一樣了。正因為你覺得「自己想要做的事」可能「不對」、「不好」、「不應該」，你才需要反過來去思考怎樣才「對」、「好」、「應該」。

在台灣社會中，我們從小就接受長輩、師長的期待，幾乎身邊的每個人都想要把我們捏成他們想要的形狀。到最後，每個人都變成了四不像，更迷失了自己。

關於人生的選擇，每個選擇都不是只有單一的維度，換了不同的角度、不同的選擇，好壞可能也長得不一樣，但我們都希望我們最終做的決定對自己「一定很好」，才能充滿自信地下決定。但很多時候，沒有人（沒錯，沒有人，即使是某種領域裡最厲害的人）可以保證你做哪個選擇一定好或是一定壞，因為每個人的人生經歷是不一樣的，即使帶來的成果一樣，給不同人的感受跟快樂、痛苦程度也不一。

人生中幾乎所有事情，都是在灰色地帶裡，不會有絕對好或是絕對壞的選擇或事情，看似很棒的事情，背後都會有相對應的代價。看似很慘的事情，背後都會有相對應的祝福。如果我們一直想要選擇「應該」、「好」、「對」，就無法期待自己能夠活出自己的人生，無法在找標準答案的過程之中找到屬於自己的答案。因為你不斷在問別人的意見，而不是自己去嘗試、感受自己想要做的選擇，不論這個選擇帶給你的結果看似是好是壞，它都能帶給你獨一無二的過程跟經驗。

每次當我聽到學生問我文章開頭那四個問題的時候，我總是回答：「沒有什麼好不好／對不對／應不應該，只有選擇／做了之後會有什麼結果而已。我只能告訴你做哪個決定有『可能』會帶來什麼結果，我的工作並不是教你應該做什麼。要做什麼選擇你必須自己決定，因為人生是你自己的，你必須為你自己的行為負責，結果也沒有人可以代替你承受。即使是同一個選擇，根據不同人不同狀況也可能會有不同的結果，真的要去做做看，你才會知道箇中滋味。」

與其一直活在社會、文化、長輩、同儕……的陰影跟想法之中，不如照著自己的感受想法活下去，更能讓自己感到更自由，相信自己最終會找到屬於自己的路，放棄「對的」、「好的」、「應該的」，然後細細地去體會人生，當你能夠 follow 自己的感受並且接受宇宙要給你的挫折跟課題與學習時，自然而然，你會因為找到「屬於你自己一個人的對、好、應該」而快樂與自由，便會因此而生。

若你已經成年，那表示在這個人生之中，沒有人可以告訴你應該做什麼，也沒有人可以叫你不要做什麼。如果你認為可以，那是因為你「決定聽從他們的指示」，是你賦予他們這個力量，而不是他們本身可以左右你人生。

因此，我希望看完這本書的你，也能學著不因為想安全而欺騙自己，開始尋找屬於自己的答案。這本書所能提供的，不是告訴你應該怎麼做，而是提供你更多的選擇、更多的角度跟看法。如果你還沒準備好，可以選擇維持原狀。如果你準備好了，也可以選擇改變。這些都沒有好壞、對錯，只要你能接受自己的選擇，以及這個選擇所帶來的所有風險跟結果。這樣其實就已經足夠了。

附件

翻到最後一頁（P.255）做測驗，

了解你的愛情致命傷！

黏的人的出發點，通常是想要「擁有對方的全部」，是占有慾特別強的人，同時也是特別沒有安全感的人。盧跟黏比較容易在交往後出現的原因，在於我們通常會比較確定對方喜歡自己，並且確立了「女朋友」這個「特殊地位」之後，比較容易認為這兩種狀態是可以展現的。

這兩種狀態也有可能在交往前出現，當我們的安全感拉警報的時候，每個人都會有自己的因應焦慮的模式。有些人可能是希望掌握對方的一舉一動、盡量讓對方在自己的眼皮底下活動。有些人可能是用盧對方、情緒勒索的方式讓對方能夠依照自己的期待行動。有些人可能是忍住不表現，想要展現「包容」特質，有些人可能會急，如果交往了就會進一步開始逼婚或逼承諾等。我們開始焦慮的時候就會脫離關係的本質，以為暫時看到對方的表象如同我們所想要的就能安心，卻忘記這些我們希望被愛的行為跟行動，是要出自對方「想要」才有意義。而當我們使用各種方式想要「矯正」對方對我們的愛意時，其實都在把對方推得更遠。

表現「黏」的可能現象——

- 控制慾很強，可能常出現以下問句：「你在幹嘛」、「在哪裡」、「和誰出去」、「剛剛誰打給你」、「這個人是誰」。
- 同性雷達特別強，只要對象身邊出現了哪個女生都會發現，好奇對方是誰、哪裡認識的。
- 覺得「女朋友」這種東西是有特殊權力的，「男朋友」有義務讓女朋友有安全感。
- 覺得兩人獨處比其他事情都還要重要，可以犧牲自己的朋友、工作、家人、興趣。
- 容易讓朋友覺得你見色忘友，交友圈會相對的越來越小。
- 容易事事配合（尤其是時間）對方的行程。
- 不能理解對方有什麼其他的活動是自己不能參與的（打電動、打球、跟朋友喝酒、看球賽等等）。

己所預設的答案。並且想要透過情緒勒索的方式例如：

「你又已讀我！你到底是不是真的喜歡我啊？」（心中答案已經認定對方沒那麼喜歡。）

「喜歡啊！」（先不管他說的是不是真的。）

「如果你真的喜歡，為什麼會那麼常已讀我？」（無視對方的答案，想問出自己心中答案。）

「工作真的很忙。」

「我不相信工作可以忙到連個貼圖都沒辦法回。」（覺得對方在辯解。）

「就真的很忙。」

「我們已經這樣多久了？我受不了你這樣忽冷忽熱。」

「那你想要怎麼辦？」

「你什麼時候要問我要不要在一起？你不想要的話那我們就不要聯絡了。」

表現「盧」的可能現象——

- 對男方提出不合理的要求（別人都覺得不合理、只有你或你的姊妹覺得合理）。
- 常常會懷疑對方對自己的感覺，一直問「你到底喜不喜歡我」。
- 希望對方說清楚，但是只要對方解釋又覺得對方在辯解。
- 常常給對方下二選一的最後通牒，但是兩個都不是對方想選的（離開不然就跟我在一起）。

出現「盧」的時候，我們通常是處於一個鬼打牆的狀態裡。跟「瞎」的狀態不同的是，盧是因為已經認識到現實不如自己想要的結果，但一時之間也想不出什麼可以扭轉情勢的方式，只得使用比較粗暴的方式，以為如此「盧」會使對方回心轉意，或是對自己投資更多。但大多是讓對方越來越厭煩想逃。而盧的人內心對於關係其實已經有一個答案，不論這個答案是否符合現實、符不符合自己想要的，當內心不滿爆發的時候，盧的人就是想要從對方口中問到自一個只有自己認同的自我美好形象，雖然潛意識知道別人並不認同，但因為不願意面對跟承認，所以不斷地說服他人跟自己，自己的確是「如此美好」的人，殊不知這個狀態只會讓大家不好意思跟你說實話，因為大家可以很明顯的感受到你是玻璃心隨時會破的人，也就是所謂的缺乏自知之明的「瞎妹」。

會看不清自己跟他人的原因，其實也是從「缺」開始，但是瞎的人的因應模式是創造出一個只有自己認同、喜歡的假象世界，來逃避面對跟承認自己的問題。

以上缺、急、忍、瞎這三個特質很容易在吸引初期的時候就讓男人想要逃走，而以下兩個盧、黏則是比較容易出現在吸引後期或交往後的時候出現的狀態。

其實沒有喜歡我啦」的證據）。

可能是：

「他不是常常已讀不回你嗎？」

「可是他都會送我回家耶！」

或是：

「他上禮拜去跟別的女生約會還打卡，跟你從來沒有過。」

「可是上次我受傷他去幫我買藥耶！」

或是：

「他有主動跟你講過話嗎？」

「沒有，但是有一次他看我的眼神很曖昧耶！」

諸如此類的對話。

看不清自己的狀態，比看不清別人的狀態更嚴重。對自己的瞎通常是「活在自己的世界」的人，這邊所說的活在自己的世界的意思是，這樣的人創造了瞎的這個特徵，是最棘手的狀態。所謂「瞎」就是指看不清、看不到的意思。而由於意識上的瞎某種程度上是自己做的選擇，所以如果自己不想面對、承認，就無法被改善。瞎有兩個層面：一個是看不清別人，一個是看不清自己。

看不清別人的狀態，來自於我們太希望對方是我們理想中的對象，於是為了不要讓自己的夢破碎而崩潰所創造出來的假象。當我們在這個狀態裡面的時候，不管是在跟自己談話或是跟他人談起這個對象，都會挑選對「自己想要的結果」有利的證據。而其他不利於自己想要的結果的徵兆跟跡象，就當作沒看到或是用各種方法說服自己這不是真的。因此，有瞎的特質的人，特別容易被壞男人騙。

例如當你很希望對方喜歡你時，你雖然有可能去問別人「你覺得他喜歡我嗎」這個問題，但事實上你只想聽到自己想聽的答案。如果對方給了你不想聽的答案，你就會一直用「可是」反駁他（表現形式也有可能是回答的人一口咬定他有喜歡你，但你因為太害怕受傷了所以一直要反駁對方，提出各種「對方烙下一句：「去死吧！」

忍只是在壓抑自己的負面情緒，它其實是自卑的一種表現，因為覺得自己不夠好、自己不配去和別人談條件，所以才會選擇忍耐，以為這樣的委屈求全會讓對方更愛你，或是能繼續維持你們兩人的關係。

表現「瞎」的可能現象——

- 把對方的優點都放大，覺得缺點都是有合理的原因才會如此。
- 會刻意不去想對方的種種破綻或是不好的跡象，然後說服自己「對方其實很好」。
- 身邊的姊妹、家人都不太喜歡這個人，但你會一直為對方護航。
- 認為對方不是不夠喜歡你，而是時間不夠、工作太忙、不想交女友、還沒走出前女友的陰影。

時才有資格被愛。

在隱忍的同時，我們的性格會變得扁平且沒有彈性，雖然可能表面上沒有缺點可以挑，但卻會讓跟我們相處的人覺得無聊、覺得有壓力。隱忍會使我們變得鄉愿，對方並不會想要對我們更好，我們會變成像苦情母親的角色一樣，表面上像是無怨無悔的付出，但實際上默默期待著孩子跟丈夫的回饋，當自己真的受不了的時候，就會開始不停抱怨、數落，說出自己付出多少卻換得這種結果的話，但事實上根本沒有人期望跟要求她做這種付出。孩子跟丈夫只會覺得很無言，因為他們也沒有希望母親要委曲求全。

如果付出會有「忍」而不是快樂的感覺，其實就代表著你根本沒有在做自己真正想要做的事。你會開始覺得委屈、覺得不安、覺得不被愛、覺得對方不貼心等等，接著就會有兩種情況：第一種是你是王寶釧，願意苦守寒窯十八年，默默的忍、默默的吃苦，但吃得真的很苦，然後等著變成一個黃臉婆或糟糠之妻；第二種是在某一天你終於受不了的時候，你會直接拿起你最高的高跟鞋，狠狠地往你男朋友（或不是男朋友的那個人）的腦門上狠狠敲下去，然後

表現「忍」的可能現象——

覺得自己做的事情是為了維繫這段關係或是為了對方好。

覺得先把對方騙到手之後再說。

不敢跟對方說出自己的想法、感受，認為這樣對方才會喜歡自己。

認為自己的付出如果沒有被看見，再付出多一點對方就會發現並且更喜歡自己。

「急」是從缺出發，比較積極主動的展現方式。而「忍」則也是從缺出發，比較被動消極地展現模式。我們會「忍」的原因，是因為想要在對方心中擁有美好而非真實的形象，想要透過這種我們內心自己認知到的真善美來讓對方更喜歡自己。但事實上越忍，你就會越ㄍㄧㄥ、越不自然，當我們想要堅持一個美好形象的時候，是因為認為「真實的我不值得被愛」。那個有情緒、會不滿、想要提出要求的自己是不會被愛的，只有當我展現我所認為的美好特質的樣子是「缺自己喜歡的男人的喜歡」。所以受歡迎但感情沒有很順利的女生，也許並不會呈現很急的狀態。

當我們在「急」這個狀態的時候，我們就會很想要「趕快交往」。而這個想要趕快交往的動機出自於「害怕這個對象跑掉」。我們害怕對象會「跑掉」表示我們並不相信自己的吸引力足以讓對方喜歡我們很長一段時間，而且經不起任何比較。也許會認為任何一個其他女生的出現都足以變成我方的強勁敵人，並且會誤以為只要對方「答應交往」就「安全了」。意指，會容易有「急」的氣息的女生，容易把「交往」這件事當成一個感情上的關鍵轉捩點，忘記了關係的本質其實是一直在變化的，而把「交往」這個形式當成了讓自己安全的目標。

表現「急」的可能現象——

- 一旦有對象，覺得不把握對方就會溜走，所以就會希望趕快交往。
- 想要趕快把關係推進，即使先上床也沒關係。
- 無法頂住曖昧的張力、常常就不小心自爆。
- 你常常會想「到底要不要告白」，到了告白這一步總是非常沒有把握。
- 太主動，讓男生害怕。

缺跟急其實很相似，但缺比較類似於一種心理狀態，而「急」是一種行為上的態度跟表現。當你很「缺」業績的時候，才會導致你很「急」著成交。所以你容易會對客戶的要求讓步，任由他予取予求，只要他表現出來的樣子讓你燃起了一絲成交的希望，你就會緊抓著這個機會害怕錯失，這筆訂單就敲不到了。所以缺的人不一定會急（缺業績的人也有可能用擺爛的方式處理），而急的人一定有包含缺。會缺的人不一定認為自己缺的是「缺男人喜歡」，有可能跟自己差很多，或不會喜歡自己，而擺出防衛姿態等等。

若異性同性朋友比例差不多，甚至是異性朋友多於同性朋友的女生，比例上較不會讓男人感覺到「缺」。因為在與異性建立關係跟看待異性的方式上，比較不會在太初期的階段快速展現強烈的目的性。但也有即使如此仍然在吸引上不順利的人，這通常是在當自己意識到「自己喜歡上對方」的時候才開始展現缺的氣息，可能會讓男人態度從熱情突然變得冷淡。而這個狀況仍然是在定義上的分歧跟分別心，只是延後到「一般男人」以及「有興趣的男人」上的差異而已。

缺是有分程度的，越是缺的人會在越大方向的標籤上有很強烈的分別心（ex. 同性／異性）。會越早期在跟男人接觸的時候就讓男人想要逃跑。而缺的程度越低的人則是在比較細微的標籤上有強烈的分別心（ex. 一般人／有興趣的對象、有興趣的對象／真正喜歡上的對象）。而在感情上越是順利越是不缺的人，越是沒有什麼分別心。

理層面上，會讓對方覺得你有種廉價的感覺，因為我們會為了急於去填補自己的不足，而大量的讓步。假設感情是一場談判，那你會因為太急於想要談成這筆生意，而大步退讓，這時候你的談判對手就會認為你還有殺價空間，或甚至認為你的商品根本沒有這個價值。

以我的大量個案經驗來說，通常越「缺」的女生，對於男人跟女人的定義越是分歧，越有分別心。也就是說，在容易散發出「很缺」氣息的人的世界裡，男人跟女人是非常不一樣的存在。我們可以從自己的同性、異性朋友的比例上看出一些端倪。

如果你身邊的異性朋友非常少，同性朋友非常多（這邊說的朋友，不是只是「認識的人」，而是真正會花時間往來的），可以說明你在結交朋友的過程中，比較不容易與男人建立關係。原因是什麼呢？異性對你來說是怎麼樣的存在？跟同性有什麼不一樣？為什麼不一樣？也許你也如同某些把女人當成交往、戀愛工具的男人一樣，也不小心把男人視為「發展感情」的工具了，而不是跟自己一樣平等、相似的人類。所以你面對男人會比較容易緊張，認為他們

表現「缺」的可能現象——

- 遇到對象就會覺得這個對象「很珍貴、以後可能再也遇不到了」。
- 覺得沒有其他人會像這個人喜歡你。
- 每一次對象的不了了之，都讓你覺得很痛。
- 一旦有對象，就會默默地認為對方應該要有空就約自己，對方有空沒約就會很失落。
- 即使沒有約，也會為對方留下自己空閒的時間。

缺這個字，顧名思義就是「覺得不足」。而這個不足是從一個人的內心開始的，這個缺也許是認為自己缺乏女性的魅力、缺乏男性給予的正回饋、缺乏愛等等。你心裡覺得自己缺什麼，就會去要什麼，而當你越覺得缺的時候，你就會要得越凶。而缺的特質連帶引起行為舉止的目的性，無法使相處自然。

當一個男人感覺到女人的「缺」，會讓男人喪失對你的胃口。「缺」在心

解析無法產生吸引的六大致命傷：缺、急、黏、盧、忍、瞎

如果你時常在吸引的階段就出現問題，面對喜歡的對象常常失敗，難以進入交往的話。我們接下來要討論的六大表現就是容易使他人感覺到壓力、讓你在吸引階段就失去自我魅力的關鍵因素。

-10～-1分： 你其實不錯也有潛力，但可能喜歡太打安全牌，機會常常是自己錯失的。

-11～-20分： 你其實不差，但可能對於男女之間相處的眉角不了解，多看看文章加強吧！

-21～-30分： 你偶爾會受到異性的青睞，但面對喜歡的人總是很失敗，不知如何相處與自處。

-31～-40分： 可能會對異性偶爾的欣賞受寵若驚，但其實對自己非常沒有自信。

-41～-50分： 沒異性欣賞對你來說其實非常正常，可能要先在自己的客觀條件上先加強一下，這會比買秘笈更實際。

-51～-60分： 這位施主，你真是奇葩中的奇葩，佛渡有緣人，天助自助者。

總分：整體吸引力綜合分數

將測驗的30題得分加總，對照分數區間獲得你的整體吸引力評價。分數區間落在-30～+40者適合參閱本書，獲取加強吸引力的能力。

+51～+60分：無招勝有招的高價值女人，你根本不需要秘笈，已經是很多人心目中的女神了。

+41～+50分：技巧高招的戀愛達人，很多人落入你手掌心兒走不出，但心性可以再穩定些就無可匹敵了。

+31～+40分：你是個戀愛小惡魔，可能偶爾會受點小挫折，但不打緊。

+21～+30分：異性緣佳也不怕沒人可嫁，但要找夢中情人可能稍微辛苦點。

+11～+20分：這樣行走江湖已經足夠，不怕被打死，安心的自力更生吧！

0～+10分：你是個非常普通的正常女性，能不能找到好對象真的要靠運氣。

缺、急、盧、黏、瞎、忍，各項加總分數分析

依據前頁分數計算方式，對照各個項目的分數落在哪一個區間，分數越低，表示越需要注意自己在這個項目的缺點和現象。

-6～-10分：你實在是太「＿＿＿＿」了，你最令人無法忍受就是這點。

-1～-5分：這個部分加強後應該能幫助你感情更加順遂。

0～+4分：一般正常人。

+5～+9分：這塊表現得不錯，但偶爾狀況差會不穩定。

+10分：無招勝有招的高價值女人。

檢測表計分方式

A：0分
B：-1分
C：+2分
D：-2分
E：+1分

加總以下題目的分數

題1＋題7＋題13＋題19＋題25＝「缺」的分數
題2＋題8＋題14＋題20＋題26＝「急」的分數
題3＋題9＋題15＋題21＋題27＝「盧」的分數
題4＋題10＋題16＋題22＋題28＝「黏」的分數
題5＋題11＋題17＋題23＋題29＝「瞎」的分數
題6＋題12＋題18＋題24＋題30＝「忍」的分數

了前所未有的心力，最後卻換來男友的無情劈腿。傷心欲絕的Melody，花了好一段時間療傷，慢慢學會了如何愛自己。走出傷痛後，Melody變得比以前更加美麗動人，異性緣更是如日中天。她終於找到一個人人稱羨、又能彼此扶持、珍惜的好對象。某天，Melody接到了劈腿男的電話，藉著想要還她東西的理由，邀約Melody見面。見面之後，劈腿男準備了浪漫的燭光晚餐，並表明要重新追求Melody。Melody一聽，微微一笑，拿起了燃燒的蠟燭就往劈腿男鼻孔裡一插，並說：「你真是一個很好了解的男人呢！這餐我買單，你還是回家吃自己吧！劈腿男。」留下一個迷人的微笑後，瀟灑的離開，只留下鼻孔插著紅色蠟燭的劈腿男一臉錯愕。

請選擇你認為最動人的故事是故事A、故事B、故事C、故事D還是故事E？

測驗已經結束，以下計分方式及測量結果。

請勿在測驗前偷看，以免測驗失準。

閱讀，而普通候機區全都在玩手機。那麼，到底是人的位置影響了行為呢，還是行為影響了位置呢？

故事D

幸子是一個喜歡默默付出、看到他人的笑容就很滿足的可愛女孩，但她一生中總是遇到不懂得欣賞好女人的男人，每次受傷她總是不去抱怨、總是用笑容去面對一切。但她不知道的是，有一個男孩也默默地將她的一切善良與樂觀都看在眼裡，但害怕自己配不上幸子，所以只敢偷偷看著她、並努力讓自己成為一個有肩膀的男人。慢慢地，男孩成為一個有魅力的男人，終於敢追求幸子，但幸子心中已經有了另一個他，所以無法回應男孩的感情。當男孩終於想要放棄時，他將自己一直以來對幸子的感情，寫成一封最後的情書。在看完信之後，幸子深受感動，原來最適合自己的，就在身邊，幸子才發現，原來自己也深深愛著男孩。

故事E

從小到大情場順遂、異性緣很好的 Melody，遇到了令她心動不已、徹底墜入愛河的第五任男友。一直以來都被男友捧在手心的 Melody，第一次嚐到戀愛的酸甜苦辣。她為這段關係付出

故事B

小莫和男孩是青梅竹馬。小莫出身在一個人人稱羨的家庭，男孩則是在一個爸爸外遇、媽媽酗酒的家庭中長大。對於男孩偏差的行為，小莫雖然也會糾正他，但心中仍體諒他的家庭對他造成的影響。男孩身邊的女人總是不停的換，但他總是對小莫說：「娶老婆一定要娶像你這種。」小莫也只能用苦笑回應男孩的玩笑。面對一直以來對於男孩的情愫，小莫也只能將之深藏在心底，在男孩身邊當他最好的朋友。

小莫大學時，交了第一個男朋友，男孩一直很不喜歡這個男的，但也不能怎麼樣，只能看著小莫與自己漸行漸遠。直到某一天，小莫哭著來找男孩，說自己被劈腿了，原來小莫的男朋友在外面一直有很多女人。男孩緊緊抱著小莫，這段沒有小莫的日子，也總覺得少了些什麼，他才驚覺原來自己深愛著小莫，並且領悟到自己以前的所做所為跟這男的沒什麼兩樣。他暗自定決心，要好好珍惜小莫，以後眼裡就只會有她。

故事C

觀察三十到四十歲這個年紀的旅客，頭等艙的旅客往往是在看書，公務艙的旅客大多看雜誌或用筆電辦公，經濟艙則看報紙電影玩遊戲和聊天的較多。在機場，貴賓廳裡面的人大多在

30. 請在30題的選項當中，選擇你最喜歡的故事。

故事A

樂樂從高中就和男友交往，進入大學之後，因為環境的不同，漸漸有了想法上的差異，感情開始備受考驗，似乎也沒有一開始那麼濃烈。在大三那年，男友跟學妹走得很近，原本以為只是單純的照顧學妹，但他們在FB上公開的曖昧留言、及同學的流言越來越多，樂樂終於忍不住問男友是否移情別戀，男友才坦承說自己其實對學妹很有好感，但因為放不下樂樂，所以一直不敢告訴樂樂。

心裡有數的樂樂，決定讓彼此去尋找更適合的對象，於是和男友協議分手，但因為長年的感情已不僅止於愛情，所以兩人仍然保持良好的友誼。三年後，當完兵的前男友意外進入了樂樂所任職的公司。再度重逢，兩人發現彼此都變得更加成熟，似乎又重拾了當年相識之初的感覺。某天公司聚餐結束後，微醺的兩人到公園散步醒酒，似乎是酒精催化的關係，前男友對樂樂懺悔自己當初不應該如此俗辣，應該早點坦承自己的心意，讓樂樂知道，而不是無縫接軌。在跟學妹交往後，才深深覺得原來樂樂是一個這麼好的女孩，與學妹分手後一直惦記著樂樂，所以他決定重新追求樂樂，希望樂樂再給他一次機會。

28. 當姐妹打電話來抱怨自己的男朋友有下列哪一項行為時，你會認為是時候分手了？請選擇你的底限。

A. 和其他異性接吻、牽手。

B. 跟其他異性頻繁的聊天，內含調情內容。

C. 這不是我能替他們決定的事，他們自己喬好就好。

D. 對姐妹以外的女生好，例如主動接送、大節日送禮、主動關心等等。

E. 肉體出軌。

29. 如果有一個條件不錯的女生，卻一直以來都是單身，下列哪個可能性你覺得最合理？

A. 她標準太高。

B. 她一定有什麼問題。

C. 她可能是一個喜歡幫自己找藉口的人吧。

D. 可能她還沒遇到她喜歡的，或是她運氣不好。

E. 交男朋友又不難，一定是不會放線。

26. 你跟曖昧對象進展得很順利、一切都很美好，但某天起，不知為何他突然明顯變得冷淡，已經持續超過一個禮拜了，你該怎麼辦？

A. 一直檢查手機，看對方到底有沒有聯絡，並開始詢問姐妹的意見。

B. 旁敲側擊，探聽他最近冷淡的原因。

C. 大概是發生了什麼事，有點替他擔心。

D. 直覺想到可能出現競爭者，必須更努力吸引他。

E. 少來，想欲擒故縱啊？你以為老娘沒有備胎？

27. 如果你的曖昧對象／男朋友吃了誠實豆沙包，必須如實回答，下列哪個問題是你最想知道的？

A. 他對這段關係未來的計畫與想像的情景。

B. 你在對方生命中的重要程度。

C. 想知道對方的童年歷程。

D. 在對方生命中的所有女人中，自己排行第幾。

E. 魔鏡啊魔鏡，告訴我誰是世界上最美麗的女人。

25. 如果你交了一個你認為條件各方面比自己好、外人看來認為你們並不相配的男朋友，你最有可能會？

A. 覺得很幸福、很高興，但偶爾會覺得有點不安，努力讓自己成為一個配得上對方的人。

B. 常會出現「害怕對方被別人誘惑、愛上別人」的恐懼，希望對方可以表達對自己的愛。

C. 條件不代表一個人的價值，我獲得的一切來自於我承擔的責任。

D. 覺得有一個這樣的男朋友是件值得驕傲的事，所以常跟他人提及男朋友的事情、分享男朋友的各種優點。

E. 也就是個男朋友而已，雖然他還不錯，但也就只是個男朋友。

23. **如果交往後你發現對方是個稍微有點沙文主義的男人，你會？**

A. 為了改變他這種不正確的觀念，即使起衝突也沒關係。

B. 試著上網爬文、溝通，但還是別吵架，以和為貴。

C. 我懂神秘馴服法，不管多大男人的男人都會自動心甘情願為我軟化讓步。

D. 愛他就是要包容他的一切，這才叫真愛。

E. 只要撒撒嬌、鬧鬧脾氣對方，就會依著我了。

24. **如果正和對自己很好、各方面都符合自己理想的對象曖昧中，卻發現對方疑似在對別人放線，細心的你會怎麼認為？**

A. 像名偵探柯南一般開始搜集各種可能線索，例如問他的朋友。

B. 可能會考慮上網發文尋問各界意見。

C. 哦?!（準備爆米花）

D. 覺得應該要相信他，開始尋找能證明對方清白的證據或跡象。

E. 不過是放線嘛，沒什麼大不了的，老娘的魅力可不會輸給別人。

21. 當你極度生氣時，第一時間你會怎麼做？

A. 上網問問網友自己的生氣的行為是否合理。

B. 跟好姐妹抱怨。

C. 極度冷靜的跟對方表達自己的感受，通常別人都會因為你太冷靜而嚇壞。

D. 發FB文抱怨，希望很多人知道。

E. 自己在家生悶氣，不太願意讓別人知道。

22. 如果你不喜歡你男朋友最好的兄弟，甚至為此吵架，但男朋友堅持護著兄弟時，你心裡的想法是？

A. 算了，眼不見為淨，以後少提起，避免跟男朋友的兄弟見面。

B. 現在都這樣啦！交往前都說有多愛我，追到了就這樣。

C. 檢討自己是否有先入為主的批判。

D. 他怎麼可以這樣?! 我竟然比不上兄弟？

E. 用裝受傷的方法解決這個問題好了。

19. 情人節看到FB上令你羨慕的甜蜜情侶放閃，你會怎麼想？

A. 要是我是那個女生有多好，我也想要一個這麼愛我的男朋友。

B. 幹！為什麼不是我！

C. 哦！好棒喔！覺得美麗。

D. 哎，我可能永遠都沒辦法像他們一樣幸福。

E. 我一定可以找到比他更好的！下次換我閃你們。

20. 如果你和男友穩定交往了一陣子，你認為已經可以步入婚姻，但對方卻遲遲不願表示，甚至暗示你他還不想定下來，你會？

A. 用盡各種敲鑼打鼓的方式鼓吹對方結婚，利用各種同儕及家庭壓力對男友間接施壓。

B. 吃定對方不會分手，利用最後通牒的方式來讓對方開口求婚。

C. 婚姻只是一張紙，這樣沒什麼不好。

D. 心裡一直想著為什麼不願意考慮結婚？越想越生氣，覺得被玩。

E. 不要就算了，我去跟別人結婚即可。

17. 以你的敏銳程度，什麼情況下你就會大概判斷對方已經喜歡上你了？

A. 三天兩頭主動閒聊、送禮。

B. 主動閒聊、單獨邀約、講心事。

C. 對方明顯與你調情，且不避諱聊到交往或喜歡。

D. 對我很紳士，談話時總是四目相交，會主動邀約。

E. 稍微親密的肢體接觸。

18. 關於在交往前的付出，下列哪個情況比較符合你？例如付出多少時間跟對方相處、想念對方、主動示好、對對方好？

A. 會先做些小事來測試，看對方有沒有反應。

B. 不太敢直接表達自己的努力，怕對方不喜歡自己。

C. 在付出方面非常重視一來一往。

D. 你常會覺得只要再付出更多，對方就會注意到你，認為精誠所至，金石為開。

E. 在付出前就先設定好停損點。

15. 你覺得男生怎樣的跡象，會讓你判斷他真的已經對你沒意思了？

A. 對方不再主動邀約或丟訊息。

B. 雖然還是會聊天，但對方已經交女朋友了。

C. 為什麼要想這件事？

D. 就算是小三，也有機會扶正。

E. 對方說：我們可以當好朋友。

16. 如果你和另一半分住在台北與高雄，在你經濟充裕的情況下，你覺得哪個比較合理？

A. 一個月去找對方兩三次。

B. 每個週末去找對方，膩在一起好幾天。

C. 對方想來就來，對方不想的話，就自己在家看日劇。

D. 想辦法搬去對方的城市。

E. 一個月約定兩個週末見面，對方跑一次、自己跑一次。

14. 跟夢寐以求的男性第一次約會，一切都非常的完美，你們忘情的聊天談心到了晚上十二點，你也覺得對方是個很契合的對象。此時，對方突然抓著你的手說：「今天不想回家。」你會怎麼想？

A. 什麼？！不好吧！陷入天人交戰。

B. 好想去，但不能馬上答應！一定要先說「不」，讓你努力一下，再答應。

C. 蛤，可是我想回家睡覺耶。「回家睡覺」大於「跟你睡覺」。

D. 害羞的點頭，心裡暗自竊喜。

E. 老娘的戀愛守則裡有說：「不能太早跟男人上床！」你以為老娘這麼好到手啊？這麼好搞定，豈不被人看扁了？

13. 當你被欣賞的異性問起為何單身時，你會怎麼想？

A. 因為被問到這個問題，才突然有點難過，開始思考為什麼自己單身。

B. 來追的幾乎都不喜歡，也沒遇到幾個喜歡的。

C. 要男朋友隨時都可以有，現在我想單身。

D. 每次都遇到誇張的男生，都沒有我滿意的，不知道男生到底在想什麼。

E. 單身有什麼不好嗎？不被特定人綁住的感覺很棒啊！

12. 當一個各方面條件都符合你心中所想、你也有好感、但還不太熟的異性，做出你不大認同的行為時，你會？

A. 等以後熟一點再說好了，不然感覺很唐突。

B. 不管是不是有好感的對象，都不好意思說。

C. 覺得好奇，所以問他為什麼會想這麼做？

D. 覺得說了以後，這段關係可能就吹了，等關係穩定再說。

E. 用直接的方式讓對方知道自己並不認同這樣的行為。

11. 下列何者比較符合你的情況？

A. 雖然有時候好像會吸引到某些人，但你通常傾向將之解讀為自己的誤會。

B. 身邊常有蒼蠅圍繞，但自己喜歡的卻常常束手無策，容易以炮友關係收場。

C. 即使你和對方互有好感，你也不會覺得維持現狀有什麼不好。

D. 身邊欣賞自己的人很多，你認為真愛是值得等待的，但不曉得為什麼，總是有些陰錯陽差的原因，讓戀情無法順利發展。

E. 身邊不乏條件不錯的男性，只要你略施小計，你中意的對象就能手到擒來。

9. 發現對方疑似在跟別人調情時，你第一時間會「表現」出來的反應是？

A. 直接生悶氣不理他。

B. 跟姐妹大肆抱怨對方誇張之處。

C. 以看戲的心情觀察。

D. 質問他為什麼做這種事。

E. 也跑去跟別人調情給他看。

10. 兩個互相喜歡的人的相處，你覺得下列何者最合理？

A. 有空閒就見面。

B. 如果對方沒有想要見面的話，就另外找事做。

C. 不用太常見面也沒關係。

D. 對方應該把我放在工作、朋友、運動這些其它的事之前。

E. 我想見面就見面，不想見就不要見。

7. 請問你對於曖昧的態度，較接近下列何者？

A. 如果要曖昧，目的就是要在一起。

B. 曖昧只有剛開始好玩。

C. 有曖昧就享受當下，沒曖昧就享受一個人的當下。

D. 曖昧讓人受盡委屈。

E. 曖昧招數？我可多著呢！

8. 如果你有喜歡的人，但你覺得他好像沒有很喜歡你，你會？

A. 問朋友要怎麼辦，想辦法讓對方喜歡上自己。

B. 看到他跟別的女生在一起會很緊張。

C. 嗯？這有很重要嗎？

D. 一直反覆思考到底要告白還是放棄？

E. 沒關係，再見面幾次就可以搞定了。

5. 朋友家人說對方的不好時，你會怎麼想？

A. 為什麼他們要這樣說他？有點難過家人朋友竟然不喜歡他，但還是覺得他應該被誤會了。

B. 你們又不了解他，憑什麼這樣說？

C. 我是不是漏看了什麼？退一步再注意看看。

D. 如果你們看得到我所認識的他的話，你們就不會這樣想了。

E. 既然家人朋友都這麼說了，那應該是有問題。

6. 當對方臨時無法赴一個約定已久的約會，超過了約定時間之後告知是因突然有急事（不牽扯到任何人的生命危險），並因此道歉時，你內心的想法是？

A. 應該可以先講吧？但如果他有補償，就原諒他。

B. 雖然不是很開心，但既然他有道歉就算了。

C. 原來他是個連花幾秒傳個訊息事先告知、考慮別人想法都做不到的人啊？有點失望。

D. 算了，每個人都可能臨時有急事不跟他計較。

E. 你真的很有種，知不知道我有多少人想約啊？

3. 當可能的競爭對手出現時，哪個選項比較符合你的想法？

A. 這女的跟他是什麼關係？

B. 為什麼他不避嫌？

C. 喔？這很正常啊！

D. 他是不是喜歡她？

E. 他是我的，你搶不過我的！

4. 有曖昧對象時，下列何者較符合你的心情？

A. 有時間就可以見面。

B. 如果他能再常主動找我一點，就好了。

C. 我忙完以後，如果有時間可以見面。

D. 為什麼他明明就有空，還不來約我？

E. 如果姐妹跟比你重要的男生沒約，就跟你出去吧！

1. 下列哪種情況，你最常發生？

A. 你會喜歡上一開始就有好感、有些不錯的互動，但認識時間不久的對象。

B. 你會喜歡上一開始就有好感，雖然認識一段時間，但沒什麼互動機會的人。

C. 不管有沒有好感的對象都覺得差不多，但會因為相處久、互動深而慢慢喜歡上對方。

D. 你會喜歡上在初識的時候，就有足以讓你心動不已的魅力的對象。

E. 在眾人中，會喜歡對自己好的勝過於一開始最有好感的。

2. 在有曖昧對象之後，下列何者比較符合你的心情？

A. 不確定對方會不會告白，他喜歡我嗎？

B. 為什麼他還不跟我告白？

C. 即使有好感的對象，也會覺得「你不覺得曖昧很浪費時間嗎？」

D. 每到有空閒時，會想「搞不好他會約我，如果排了事情，見不到怎麼辦？」

E. 曖昧？這麼好玩的事情當然是多多益善。

戀愛致命傷檢測表

請依照你「第一時間的直覺」據實以答，以幫助你更快找出自己在面對感情時的優劣勢。請於作答時，記錄每題的答案，將於測驗結束時派上用場。

優生活 60

是男人沒有眼光，還是妳不懂得發光

——這樣做球男人才接得到

作者 —— 文飛（Dana）
主編 —— 楊淑媚
責任編輯 —— 朱晏瑭
封面設計 —— 張巖
內文設計 —— 張巖
校對 —— 文飛、朱晏瑭、楊淑媚
行銷企劃 —— 許文薰

第五編輯部總監 —— 梁芳春
董事長 —— 趙政岷
出版者 —— 時報文化出版企業股份有限公司
一〇八〇一九臺北市和平西路三段二四〇號七樓
發行專線 —— （〇二）二三〇六六八四二
讀者服務專線 —— 〇八〇〇二三一七〇五、（〇二）二三〇四七一〇三
讀者服務傳真 —— （〇二）二三〇四六八五八
郵撥 —— 一九三四四七二四 時報文化出版公司
信箱 —— 一〇八九九臺北華江橋郵局第九九信箱
時報悅讀網 —— www.readingtimes.com.tw
電子郵件信箱 —— yoho@readingtimes.com.tw
法律顧問　理律法律事務所　陳長文律師、李念祖律師
印刷　勁達印刷有限公司
初版一刷　二〇一八年九月二十一日
初版八刷　二〇二〇年九月二十九日
定價　新臺幣三二〇元

是男人沒有眼光，還是妳不懂得發光 / 文飛作. -- 初版. -- 臺北市：
時報文化, 2018.09　面；　公分
ISBN 978-957-13-7539-7(平裝)

1. 戀愛心理學 2. 兩性關係

544.37014　　107014911